# 當意識再一次凝聚

## 人類十二種超級思想

THE TWELVE POWERS
OF MAN

（Charles Fillmore）
查爾斯‧菲爾莫爾 著

孔繁秋 譯

生死議題 × 權力運作 × 真理評判
激發內在良好特質，以信仰實現自我超越

上帝給予人類最可貴的品格，卻往往被人們視而不見；
科學難以解釋的現象、不可思議的能量運用……
再一次翻開《聖經》，尋找靈魂與肉體的連結。

# 目錄

# 前言

　　耶穌預言了和祂共坐在那十二寶座上的人的到來，並據此判斷以色列十二個部落的來源。這本書解釋了這種神祕指引的意義所在，例如這十二寶座是什麼東西和它的所在之處、以及在人類跟隨耶穌得以重生前的一段時間內人類所需要得到的成就。在人類發展的歷程中，重生緊隨著一代人的發展。一代接一代人的發展維繫和延續著人類的繁衍；而重生顯得十分的神聖。

　　對於剛開始學習形而上學的基督教規的人來說，要明白這本書是不怎麼可能的。它涉及在意識範疇領域的功能。一般的宗教思想家並不了解潛意識或很少了解超意識；而這本書是以假定這兩種思想存在為前提條件的。

　　這本書的主要目的是破解一個涵蓋耶穌的到來、生與死的祕密。對於四福音書一些膚淺的讀者來說，他們認為耶穌的一生是一個悲劇，但對於隨即到來的君王統治者來說，這是一個失敗。但對於那些心靈敏銳、崇尚至高無上精神的人來說，耶穌是一個可以破壞人類種族發展並統治心靈力量的人。

# 前言

耶穌是迄今世界上最偉大劇本裡的一位明星級的演員。這個劇本是涉及天堂的。它的目的在於把新生命注入到已經滅亡的生命力。在人類喚醒自身會下地獄或者上天堂的意識之前，這種拯救人類計畫的重要意義是很難被理解的。

預言說，不用過多久便會有一種新的種群出現在這個星球上，關於超人特徵的描述及其到來的推測也有很多。這比形而上學關於加快人類思想的看法早很多，他的想法的傳播也慢慢演變成預言。這並不是個奇蹟或者是神的旨意，而是透過人類文明的逐步提高而融入到人類的精神裡。正如保羅所說，「這必朽壞的必須穿上不朽，這必死的既變成不死的。」

耶穌是這些「第一成果」中第一個擺脫煩人而成為聖人的。「自覺者」就是這一類人。他透過效法耶穌的精神，將他視為一個有個性的人，當然，我們也應該有這樣的意識。

思想上的洞察力總能形成示範作用。因此，這本書更多談及的是一個人可能獲得的成就而不是一味地探究是誰拯救了耶穌。那些準備著去感受永恆生活的奇幻旅程的人，現在就不應該受到阻撓，因為沒有更優秀的人比他們能夠到達更崇高的高度。儘管擁有精神的力量，或者是靈活的頭腦，但人類可以釋放出生命所需的、能構成人體細胞的電子。物理學上說如果儲存在一滴水中的電子能量突然得到釋放的話，

它的威力可以摧毀一座六層的建築物。誰可以猜想這些儲存於千千萬萬個細胞中的能量，而這些細胞是構成人的機體的。耶穌說這種能量的釋放和它神祕的控制力。在祂的使徒面前，祂試圖改變過他們。祂的臉確實像太陽一樣閃耀。祂的服飾像燈光一樣潔白。在祂受難之前，祂透過身體的細胞得知猶太人將在三天內迫害祂的身體。當然祂自己會抵抗。在祂被宣布死亡的時候，祂的軀體得以復活。當祂在雲際中消失時，祂輕輕地鬆開他身體裡否認、充滿活力的原子，釋放祂自己的能量。就這樣，祂把自己分裂成一個四維的物體，這就是祂所謂的「國王的天堂」。

人類釋放的這些能量可以透過祈禱、冥想到達更高的思維層次。但如果沒有控制好，並且上升到精神層面，這會證明是身體破壞的源頭。如果這樣過頭的話，它會造成一連串的心理破壞。「但是不必擔心它們會破壞身體或者損壞心靈，要擔心的是在地獄裡會摧殘身體和心靈的人吧。」其實，在地獄裡摧殘身心的人，其實是我們自己或者是自私的自我。

人體內的電子能量是火的一種形式，這種電子火必須被無私地享用。如果被自私的人用了，它就會變得具有破壞性。儘管這種物質形成於一個敏感的系統中。

我們不鼓勵那些依舊帶著世俗的名利去占據人的十二種

# 前言

能量的發展。當你想運用這些超級的能量去追逐錢財的時候，你會發現這是多麼的悲哀（把石頭變成麵包），控制他人（像世界的國王一樣，這些東西全部都給你）或者展現你的權利（如果你是上帝的兒子，你會自己沮喪）這些就是自我誘惑的表現，正如馬太福音第四章所記載的一樣，耶穌會獲得勝利，那些追隨他想獲得重生的人也一定會勝利。

難以言表的快樂、榮耀和永恆的生命是那些無私地奉獻於發展上帝之子的意念的人所渴望的。與堅持精神發展的人相比，凡人的所有榮耀都不算什麼。世界上的萬物都消失了，但精神卻能永恆地存在，在一個鮮活的生命裡，人可以與蝴蝶的胚胎 —— 毛毛蟲相比，在尚未成形的階段裡，毛毛蟲在地球上來說僅僅是一隻毛毛蟲，但牠裡面卻包裹著一個美麗的生物，等待著從牠的外殼中釋放出來。當他在寫《羅馬書 8:22》的時候，保羅設想出這些，「在這之前，我們知道的是全部生物一起痛苦地嘆息。不止這樣，擁有第一精神的我們也是如此，甚至於我們自己本身也在呻吟著，等待著自我的接受、肉體的救贖」。

耶穌是一個偉大的導師，給予我們很多的經驗指導，最偉大、最神祕的生命體 ——「約翰的啟示」。在這裡，祂表現出自己就像是禦寒的身體一樣，祂站在七束光之間，這代表了統治世界其中的分裂思想。一個像人類之子的人，穿著

一件能裹到腳的衣服，在胸部繞著一條金黃色的腰帶。他的頭和頭髮像白絲綢和雪一樣白；祂的眼睛炯炯有神，如同火焰的火；祂的腳像錚亮的黃銅，就像從火爐中精製過一樣；祂的聲音如同潺潺流水的聲響。祂的右手裡握有七顆星，祂的嘴邊配有兩頭鋒利的劍；祂的面容就像陽光一樣充滿力量。

這種關於耶穌外表的描述是具有一定代表性的，因為約翰自己本身並不了解從有思想的人那裡汲取充沛的力量，那些話語對約翰來說就像是一把雙頭劍一樣的鋒利；他們的眼睛如此敏銳就像是一團閃閃發光的火焰；他們的聲音就像潺潺流水的聲響。當一個人想去描述精神領域的成就時，言語顯得蒼白而無力。比較不同讀者不同的理解是有必要的。因為他們客觀地表達了對偉大的人物和他們的力量的看法。

然而，約翰創作的鋼筆畫描述了他在「靈魂安息日」的所見，這幅畫給予了我們關於被救贖的人的初步印象，而我們所要知道的是我們「像他們一樣清醒著」。

我們應該深刻地明白，對於約翰而言，耶穌並不只是一個逝去並且已入天堂的人，而是一個四維的人存在的開端。我們運用四維這個詞語是因為流行物質學所必須運用的、用來描述物質存在的階段，為了解釋對於各個方面的影響。這也叫做互相穿透的醚，是一種難以理解的物質，或者說這也

# 前言

是個迷，是一種比普通物質具有更多屬性的物質。儘管運用數學原理科學的人證實了精神層面的存在，但這並不意味著一個等待再生的、思想仍未發展好的物質領域的存在。很多人理所當然地認為思想領域和精神領域是一樣的。這些標準對於其他人來說就像是月光和陽光。約翰說這些形成天堂領袖，或者對於古希臘來說，天堂之王的階段是相互滲透的。他說，這就像是埋藏在田地裡的寶藏，當有人發現它的時候，他將傾其所有將它販賣出去。絕大多數基督徒相信當他們逝去之後會來到這樣的天堂，但耶穌沒有告訴他們逝者首先要去的是榮耀。相反，耶穌告訴他們逝者也有可能復活。「如果一個人能信守我說的話，他將永遠見不到死亡。」保羅在講述耶穌成功戰勝死亡時這麼說的。「救世主從死亡中得以拯救。」「為了統治我們自己的身軀我們不應有罪過，因此你們應該順從其中的私欲，也不要將你的家人當作行使不義的工具並迫使他們犯罪；但要像得以復活的逝者一樣，在上帝面前展示你自己，並且把你的家人當作行使正義的工具而引薦給上帝。」

讚美詩的作者寫道：

「什麼樣的人，你會記住他？
是人類之子，你會眷顧他嗎？
你很信服他，但卻不如對上帝般信服，

並且為他加上榮耀和榮譽的王冕。

你令他統治你親手創作的勞動成果；

你把全部的東西都置於他的腳下。」

運用幻想家的頭腦。拉爾夫‧瓦爾多‧愛默生說道：

「偉大的心靈穩穩地推進神祕力量的發展並催生了許多
偉大事件的發生，無論是怎樣的路徑，人的思想到達哪裡，
自然也會伴隨他到達哪裡。」

耶穌說：實實在在地告訴你們，那些追隨我重生的人
們，當人類之子坐在他榮譽寶座上的時候，你們也要坐在那
十二寶座上，並判斷以色列那十二個部落。每個擁有遺留房
屋，或弟兄，或姐妹、或父親，或母親，或孩子，或土地的
人，可以以我的名義，得到百倍的回報並得以繼承在永恆的
生活中。

# 第一章

## 人的十二種能量

　　人的潛意識範圍裡有十二種龐大的行動中心，伴隨著十二種主宰的自我和身分。當耶穌獲得一定的思想領域發展時，祂呼喚祂的十二門徒。這也就意味著當人類僅僅從個人意識發展到精神意識時，祂開始獲得更深和更強大的能量；祂將其想法運送到祂機體的中心，並透過話語加持到生活裡。當這些能量被祂個人運用時，它們也被運用到宇宙中去。這就是《聖經》裡介紹的，救世主第一次和第二次的到來。第一次到來是把事實接收到思想領域裡，第二次到來是透過超意識和基督的思維把潛意識裡的重生思想喚醒。

　　人類如同經濟作物一樣在不同的演化過程中得以擴張和繁衍。像經濟擴張一樣，這證實系統是很重要的。一個人沒有其他人的幫助無法完成一項工作，他需要很多的幫手。不是一些幫手，而是數百個幫手；為了提高效率，他必須擁有能處理不同部門工作的頭腦。《聖經》的符號學稱人類意識裡頭腦的不同部分為十二門徒。

　　這十二個頭腦中的不同部分都控制著一定的思想和機體的功能。每個部分透過細胞的聚合而運作，生物學上稱為「神經節的中端」。耶穌是我在或中心實體，在祂的腦部頂端擁有祂的門徒，也就是說顱相學位於靈性中。正如祂時常來禱告的山脈一樣。下面的概括羅列了這十二種能量，還有他們展現的才能，以及他們管理的神經中樞：

信念 —— 彼得（西蒙）—— 頭腦中心

力量 —— 安得烈 —— 腰部

識別力或判斷力 —— 雅各伯，西庇太的兒子 —— 胃部的凹陷處

愛 —— 約翰 —— 心臟的背部

力量 —— 腓力 —— 舌頭的根部

想像力 —— 巴多羅買 —— 眼部中間

理解力 —— 多馬 —— 大腦的前方

意志 —— 馬太 —— 腦袋的中前方

命令 —— 雅各，亞勒腓的兒子 —— 肚臍

熱情 —— 西門 —— 頭部後方，骨髓

放棄或消除 —— 猶大（達太）—— 腹部範圍

生命儲存器 —— 加略人猶大 —— 生殖的功能

　　這些生理功能的分配並不是隨意的，這些名字可以擴充或者為了迎合它們本質的更深理解而做出改變。例如，位於舌頭根部的腓力掌控著味覺，它也控制著喉嚨的反應，還有整個機體的心靈感應的力量。所以「力量」這個詞僅僅表現了它一小部分的能力。

　　耶穌將第一位門徒稱為彼得。彼得在精神層面上代表的是信任，指的是信任上帝。運用對無所不在的、智慧的、博愛的和充滿力量的精神信任，我們開始我們宗教的經歷，用

神聖的心靈成立了我們的團體。

信任加快了人類對精神層面的理解。彼得相信耶穌是彌賽亞（猶太人所期待的救世主）；他對耶穌的信任開啟了他精神層面上的洞察力，他也看到了現存的救世主是帶著耶穌贈予的面具的。當被問及「上帝之子是誰時？」門徒們根據真實的秉性，說;「有的人說施洗者約翰，有的人說以利亞，有的人說耶利米，有的人說是其中一位先知。」然後耶穌引導他們關注自己內心的精神理解並說：「是誰告訴你們那是我？」只有西門彼得回答道：「祢是救世主，活著的上帝之子。」耶穌回答說，「你是彼得，我要在這塊岩石上建造我的教堂，目的是不能讓它盛行。我會將通往天堂的好處告訴你。」

對人類的來源以及人本身這個事實的洞察力是個性最持久的本質基礎。就是這種對人類本質理解的信任給予了耶穌在人間和天堂的能量。耶穌並不只是把通往王國的鑰匙給了彼得，也將它們給予了地球上那些對精神力量表現出肯定和必信無疑的人。說到這裡，關於個性鑄造的偉大工程已經完成了，那些忽視給予卻祈求在未來的天堂裡尋找更好條件的人，將被馬上驅逐出天堂的王國。

擁有完整智力的人會否認人類可以知道關於上帝的一切，因為他們沒有加深信任。於是帶來了上帝的存在，讓他

們可以意識到上帝的存在，或者說：我信任上帝；我信任上帝的精神；我相信看不見的東西。如此對信任的肯定、對看不見的上帝的讚揚，無形的上帝會令有形的上帝出現並加強彼此間的信任關係。所以信任（彼得）被稱為和虛構成精神層面。

當一個中心失去力量的時候，他應該受到精神世界的洗禮。《聖經》告訴我們，腓力走入了沙漠，在那裡，他被一個太監洗禮。沙漠意味著「力量的大本營」。他指的是腰部的神經中樞，那裡由安得烈（力量）統治著。「現在，他的力量在他自己的統治之下。沙漠是身體力量的君主，就像耶路撒冷是愛的君主」。

背部在物質壓力下變得脆弱。如果你的背部變得疼痛，如果你變得很容易疲憊，你就會馬上知道你需要驅逐物質壓力的自由的治療。把世上的壓力、生活的壓力和所有勞苦從你思想中清除。把你的壓力帶給救世主。來我這，把你的勞苦和壓力都帶來，我會給予你寬慰。

我們受物質主義擠壓著。這想法讓我在思想層面上將自己變得很物質，就如在物質領域，物質的東西本來就很物質。在思想中，每件事情都有其根源，物質的想法可以促進物質的進步。所以你必須得在思想世界的每一個中心中洗禮和潔淨你自己，就像腓力在沙漠中洗禮自己一樣。洗禮就是

淨化。它通常代表思想中淨化的力量。

當淨化的力量聚集在一個中心的時候，它就可以清洗所有物質的思想；虛弱因新的生活而變得有活力，全部的潛意識也被喚醒和激發。上帝這個詞彙在個體中播種，一旦上帝這詞彙在每個中心中播散開來，這些中心的細胞就像是空白的留聲機那樣，它們吸收了被傳播的思想，然後傳送到整個機體中。洗禮的力量以最大限度到達身體的每個角落，十二種力量中的每一個，在這神聖的規律下也感受到新的力量。

雅各，是西庇太的兒子，代表著辨別力和對物質事物良好的判斷能力。雅各在人類中擁有明智選擇和決定的能力。這可能是在食物問題上；這可能是在關於外部力量關係的判斷上；這也可能是在選擇丈夫和妻子的問題上。還可能是在人類關係發展的千千萬萬個方面上。雅各在精神層面的能力是直覺力和良好的認知能力。

雅各和約翰是兄弟，耶穌將他們叫做「雷的兒子。」這兩兄弟負責強壯機體的腦袋，叫做腹腔神經叢或者太陽中心。雅各在胃部的坑窪處擁有統治權，約翰則在心臟的背部擁有統治權。他們都是由一連串的神經連繫在一起，外形上也有著緊密的連繫。任何東西對胃部的影響同樣也無辜地影響到心臟。擁有脆弱胃部的人通常也伴有心臟問題。

腹腔神經叢的運轉帶來了巨大的共鳴或情感。當你的同情心產生時，你發現你開始深呼吸，當你非常同情一樣東西時，你會發覺這樣的共鳴彷彿穿越人和事直奔到思想嚮往之處。所有的熱情，所有由思想產生的高能量都穿越著這些中心。

　　巴多羅買代表的是想像力。這想像力在兩眼的正中間擁有它的控制中心。這是一個擁有一系列組織的控制點，它延長到了腦部，位於視覺神經根部的想像和構圖神經連繫在一起。透過這種能力你可以構造出一樣不存在的東西或想法。例如，你可以想像著嫉妒你身體的任何部位，透過化學想像以及結合這些功能，令你的膚色變成黃色，或者透過每個人善良或美好的想像，想像出一個美女的樣子。巴多羅買直接和思想連繫在一起，並在思維構圖中擁有強大的力量。在他進入自然界的眼簾之前，耶穌遠遠地看到他在一棵無花果樹下。不用想像任何事情但卻很美好，因為在自然想法結合物質的條件下，或近或遠就能得出表達，除非你趕在它前面或者透過否定它而清除它。

　　人類擁有清除和挪用的能力。如果你懂得如何控制它們，你就會在你思維的機體中清除錯誤的想法。這否定的門徒就是達太，它位於腹部的位置，是思想和身體的偉大統治者。這些能力是一個具有良好的表達力的人所必備的。任何

一個都不能輕視和混淆。有些被誤解了；因為忽視，人們認為它們很低劣，除非它們以某種反應將人類陷入疼痛和悲傷之中。由達太控制的消除能力，像透過小腸主導的消化系統一樣是十分必要的功能。

多馬代表的是一個人的理解能力。他被叫做懷疑論者因為他想知道所有事情。多馬位於腦部前方，他的合作者，馬太（意志的代表者）和他位於腦部的同樣位置。這兩種能力共同控制著「許諾領域」這一部分。像以法蓮和瑪拿西位於的位置一樣，他們的遺傳是分不開的。

雅各是亞勒腓之子，代表的是神聖的命令。它的中心位於肚臍。西蒙是奮銳黨的西門，代表的是熱情，他的中心位於腦袋底部的髓質處。當你燃燒著熱情或急於完成一件偉大事情的時候，你的腦袋底部就會發熱。如果這條件和現實提供的條件不匹配，你就會燃燒你的細胞和阻礙思想的發展。「熱情這房子已經弄垮了我」。

背叛了耶穌的猶大，在生殖中心擁有他自己的王座。猶大統治著身體中的意識領域，沒有它整個機體聰慧的合作就會喪失掉最重要的物質，甚至會死亡。猶大是自私的；貪婪是他的「罪惡」。猶大統治了「獸性中」最微妙的領域 —— 感覺；但猶大可以得到救贖。猶大的功能生成了機體的生命。我們需要生命，但生命必須由神聖的方式引導。這必須

要有個關於生命的正義表達。猶大，這個背叛耶穌的人，最後一定會被清洗罪惡和無私；被洗禮後，他將允許把生活的力量流入機體的每一個角落。要不是做賊（接近性的中心，對於整個人的物質層面來說是非常重要的力量）猶大會是一個供給者；他會為他的生命賦予每一種能力。在流行的種族觀念中，猶大產生了整個人，但由於他自私的偷竊，他死了。

正是透過猶大（劃撥和體驗快樂感覺的渴望）靈魂（夏娃）走向了罪惡。透過性生活的罪惡感（拋棄了珍貴的物質），身體被剝奪了必要的液體而最終瓦解。這結果叫做死亡，是人類想要戰勝的重大而最後的敵人。人類軀體上的不朽是可能的，只有當他戰勝劣勢的感覺，以及儲存他生命物質化的時候。當我們覺醒地意識到所有快樂放縱後隨之而來的是痛苦時，我們將會懂得啃食樹上善良與邪惡，快樂和痛苦的知識的意義。

如果在神法下建立你的關係，贖回猶大。首先，應該深信精神的力量，然後告訴猶大這世界的純潔。告訴他這世界是慷慨的；用全部的精神 —— 聖潔的精神去洗禮他。在你心裡會有一種想得到熱情的渴望，去體驗來自各方的壓力，並把這種渴望告訴上帝；你將無法得以永生。

這十二種力量都是在神聖思想的指引下得以表達和發展

的。萬軍之耶和華說：「這不依靠勢力，不依靠力量，也不依靠我的精神。」你必須保持平衡；在人類這十二種力量的發展中，你必須意識到他們都是來自上帝的：他們由上帝的話指導著，而那個人（耶穌）是他們的導師。

# 第二章

## 信任的發展

　　信任始終在人類的意識中占有一席之地。在《聖經》中，它被描繪成「西蒙和安得烈的住處」。一座房子就是某個人建造成一個家的建築。一個人的房子就是他的城堡。或許一代又一代的人都會出生和生活在同樣的房子裡。一個天才在那出生的房子被給予悉心照料，那些崇拜思想、藝術和發明創作的人一年又一年地去參觀這些創作者的住處。如果耶穌出生之地 —— 伯利恆的倉儲洞穴被發現了，那它肯定會成為世界上最聞名的聖地。我們重視偉大的男性和女性的出生之地是因為那是思想集中力的表現。所有的建築都是思想的高度集中。這些建築是具有建設性思想的集中之處。野蠻的人建造不出房屋或城市，因為他們沒有建設性的想法。

　　在大衛時期，猶太人的孩子都是流浪兒。固定住所的想法並未在他們的思想中生成。同樣，這也未形成於他們的體內。在 II 撒母耳 7:5,6 中，從耶和華這些話裡可以看出，關於富有建設性的想法的成熟階段已經形成了：

　　你必須得建造一間房子給我住，因為自從我帶著孩子們離開埃及來到以色列生活，我就一直沒有住過房子，直至今天，也不得不住在一個帳篷或臨時房屋裡。

　　收到這條資訊後，具有吸引愛力量的大衛開始為建造所羅門聖殿而準備材料。耶和華告訴大衛他不可能建造出這

座廟，因為他是一個好戰的人。上帝的廟宇就是人的身體（「你的身體就是聖潔精神的廟宇」），但如果人類沒把永恆的法律編制到這建築上時，他就像以色列那些流浪的孩子；這精神從一個軀體傳輸到另一個軀體，從一個臨時房屋傳輸到另一個臨時房屋。

儘管耶和華修建著房子，但他們的努力是徒勞的。

以色列的孩子為耶和華建造的帳篷和臨時房屋代表著短暫的肉體。上帝很少會光顧這些脆弱的廟宇；因為他們破若的個性，他們並沒有為精神提高一個堅實的住處。帳篷個體中隱藏的脆弱性是它對精神棲息地缺乏信任。關於精神留置物質和生活的新思維是必要的，可以挑選一個人出來發展它。這個名叫亞伯拉罕，代表著順從和信任的人被找到了。他原來的名字是亞伯蘭，是「高尚的父親」的意思，他的名字代表著宇宙的規律，普遍傳播和獨立存在的精神物質，這是宇宙最初的來源。

亞伯拉罕一次又一次地接受測試，到最後他也就充滿了信任。對他信任的最大測試是他在上帝山脈心甘情願地犧牲了他深愛的兒子以撒。「亞伯拉罕把那地方的名字叫做耶和華以勒：按照今天的說法，耶和華這座山應該是被供給的。」

　　這事情告訴我們的是，在一個人想要得到神聖的給予時，必須得放棄他所擁有的最親愛的人。這件事發生在上帝之山上，這意味著是最高尚的精神理解。

　　放棄與得到的規律是屬於精神領域的；在他想獲得全世界之前，他必須要先放棄個人成就。如果一個家長知道這是一個孩子，並且深愛著他，這種喜悅在他的意識裡是占據第一位的，那麼，這位家長精神領域的發展就被阻礙了。在上帝的愛（處於一切事物之上的）可以填滿人的心靈之前，人類的愛必須做出犧牲。如果像忠誠、順從的亞伯拉罕那樣，願意把自己最珍貴的人奉獻給上帝，祂也會得到和給予平等的對待。

　　當亞伯拉罕願意犧牲他深愛的以撒時，上帝就停留在他的手中；他的目的就是為了在附近可以隨便換得一張票，為了在有孩子的地方，用動物在天壇祭祀。這裡解釋一個經常被人誤解的、關於犧牲和放棄的規律。如果他們是真的，我們不一定非要放棄我們珍惜的東西，但作物使他們的心願不得圓滿而且被破壞。內存（代表恆心和個性中完整事實的地方）必須被犧牲。

　　「放棄了，你才會被給予」一個關於操作人的每個思想和行為的規律的表述。這規律是所有以物易物和經濟來往的基礎。人總是想得到什麼但又不失去什麼；但最後規律以它

的一些形式占據上風。甚至於形而上學者們，他們比任何人都懂得這規律，在獲得物質的回報之前，總是期望上帝提供豐厚的獎賞給他們。在自己得到之前，認為上帝會給任何人任何的東西，這是一個錯誤的想法。神靈會降臨那些祈禱「上等空間」的人的頭上。這「上等空間」與「耶和華山脈」是一致的。這是一個人類思想中認識神聖心靈的好地方。一個人最應該做的是想方設法去了解上帝還有祂的規律。上帝大方地為這種服務買單，並且這種獎賞也是真實可信的。信任是在上帝旨意下建立在意識中。

「信任是期望的保證」。當渴望在精神生活中得到滿足的時候，在意識中的信任將會變得生機勃勃。祈禱者的懇求是無用的 —— 對祈禱者的肯定卻立刻有效。

理智的信仰存在懷疑，以及在未來願望得到滿足；精神的信仰包括經久不衰的保證和立即的回應。這兩種態度的信仰常常會給對方觀察著和相互切磋著。彼得開始走在精神信仰的水道上，但當他遇到風的影響時，他很害怕，並且開始下沉。然後我（耶穌）給予其精神力量，風止住，不再有任何懷疑信仰的能力超越消極意識。

彼得是耶穌的第一個和最偉大的門徒，他已經普遍接受了耶穌基督的追隨者作為一種信仰的代表。他遇見耶穌之前，彼得叫西蒙。西蒙的意思是「聽覺」，這代表的是感受

性。從中我們明白，在接受心境開闢道路中傾聽真理去接收神聖的秩序的下一個高度，這是信仰。耶穌給了彼得他的新名字及其含義：「你是彼得，在這磐石上，我要建立我的教會。」

信仰在看不到的現實中構建著一個存在於心靈和身體真正的，持久的物質。當種植在這心靈豐富的內容上的時候，各式各樣的想法快速地湧現出來。耶穌也把這種物質信仰叫做「地球」，而且祂對彼得說，「無論你要繫結（肯定）在地球終究也將被繫結在天堂；無論你在地球上鬆綁（拒絕）也將被釋放在天堂。」在祂所有的教學中，耶穌都強調，「無論在人間還是天堂執政黨的力量都是人類。神的王國就在你們的心裡。」「所有賜於我的權威都在天堂和人間。」「這不是寫在你的律法裡的，我說，你們是神嗎？」當我們理解到無所不在的精神（上帝）時，我們很快可以看到耶穌這美麗的教義是多麼的簡樸和真實。

只有一個真正的信仰；表達的方式決定了性格和信仰的力量。信任是信仰一個便宜的品牌，但是信任要比不信任好。就像常規那樣，那些很少信任上帝的人並不能理解所有的法律。如果他們理解了，他們將會肯定神靈的存在和力量，直到非常物質的精神出現在意識中 —— 這是信仰建立在岩石上。

信仰的話語應該都默默地傳達著並且讓人可以聽見。口語的力量不過是一種淺薄的理解，因為在法律中不正確的單字時有發現。在神性中這個詞是富有創意的思維，當人類完成了對法律的表述後就被傳達開了。所有的單字都是有造型的但不是所有單字都是具有創造性的。富有創意的詞能使物質和權力保持精神性。物理科學暗示這內心的物質和能量，在其描述的幾乎不可思議並且固定在通用醚中的力量。我們被告知的顯而易見的能量，如熱、光、電，只是無處不在的元素中的一種微弱表現，他們比這些微弱表達強成千上萬倍。

無線電正在使用口頭語言領域上開闢出新的領域。報紙上一篇關於無線電話的文章說道：

你知道在紐約百老匯的摩天大樓裡一個用喃喃細語說的詞可以打破相鄰建築物的每一塊玻璃，並且構建出一個擾動，甚至於離它那每個方向一英里的地方都能感受得到嗎？

人類的聲音被轉換成電能無線傳輸並開發著 270 個馬力。十個人的力量就等於一個馬力。人類的聲音電氣化無線的作用相當於 2,700 人的力量。在各種流程中，加強語音廣播傳輸橫跨了大西洋，它比當人透過發聲傳送訊息時大135,000 倍。

　　因此，從一個電動瓦特初始能量的 1/1,000 開始，當發射站增加到 1 億倍的時候，聲音是會得益於強大的發射站。

　　如果口語可以機械地被增加到一億次，當精力充沛時，這能量會有多大啊！當耶穌大聲說，拉撒路，「出來」時，祂必須連繫約翰在第一章中富有創意的詞，因為結果顯示了它富有生機的特點。當祂用的字發在看不見的電流上這種方式而治好了百夫長所寶貴的僕人時，祂說這項工作是靠信仰完成的。所以信仰推動口語提高了上億次，這印證了其非凡的效果。信仰這個詞有它的內在能量，而且這種力量迸發出來並且在現實世界中產生顯著的轉換力，成千上萬的證詞印證了它的結果。

　　耶穌說：「你們若像一粒芥菜種一樣有信心，就像是對這座山說，把你從這邊挪到那邊；它也一定挪得動；並且對你來說沒有什麼是不可能的。」他知道的精神機器能把信仰這個詞集中轉化為行動。他說明了人類精神的發展可以透過信仰去控制一些因素，平息風暴，在水上行走，延遲或增加生命的成長和在穀物、樹木、動物和人類中的物質需求。

　　透過觸碰一個按鈕，沉重的發電機便可發電進而照亮一個城市。人的心靈上有一個按鈕，透過信仰將全部的能源連繫著它。當信仰這個詞對著大腫瘤呼喊的時候，信仰能把他們融化掉，這種變換並不等於山脈移動？當一個癱瘓的肢

體，或一個無生命的器官，在加快和恢復其自然功能的時候，這並不等於加快了一個死者的復活？

　　一個人觸動信仰按鈕的人沒有必要去了解與他進行接觸的所有複雜的機械；他需要知道的是，一個人把電動開關開啟後光或能量就會放射出來。信仰的中心，就是松果體，讓人對精神信仰敞開心扉。非凡力量中的肯定行為很少能在意識中得到加強。耶穌說：「我不是從自身角度說的：而是父親（信仰）駐紮在我的作品裡。」

　　電力的轉換就像是思想力量的轉換一樣。如果一個男人理智地認為他可以做一件事，他最終會尋求一種方法去完成它，這是一個接受心理學的公理。心靈會產生出能量，這種能量可以和宇宙的能量接觸，進而導致環境和事件劃分為線去實現潛在的想法。約翰提出了大量煩人的想法，並說「你們應當悔改」；也就是說，要改變你的想法。保羅預見了一個可能的必要性，因此他宣導：「你們要透過更新你們的想法而改變自己。」

　　當人們看到思想正確改變的可能性時，他們把形而上學的老師聚集到大廳裡，因為他們聚集了轉變的畫面。當人們清楚地了解疑慮、恐懼、貧窮、疾病和死亡 —— 每一個思想的時候，或好或壞，人們已經表達過的或者存在於思想中的，我們都應該透過每個心智健全的思想去改變意識或者在

思想和言語上得到徹底的改變。然後我們要尋求真正的源泉並找到它，正如保羅所說：「保持這種思想在你的身體裡，這種思想也存在於基督耶穌那裡。」這不是耶穌而是耶穌的思想完成了這項偉大的工作。祂是信仰的中心，將生命的強大創造力（這種能量透過人的思想和大腦活躍在宇宙中）轉變成在祂的環境中一種可以被利用的能量。利用信仰這種內在的能量，你可以做耶穌做的。這是祂的承諾；祂的任務是對一個真正的追隨者的考驗。

　　透過信仰，伊諾克被翻譯到他應該不會看到死亡。透過信仰，諾亞準備一個方舟去拯救他的房子。透過信仰，疲憊的亞伯拉罕貢獻出了以撒。透過信仰，在摩西出生後，他的父母帶著他躲藏了三個月。透過信仰，耶利哥之牆倒下了。我還要再舉一些例子嗎？如果我說的是基甸、巴拉克、參孫、耶弗他、撒母耳、大衛和其他先知們，我將顯得特別詞窮：因為他們都透過信仰制伏了敵國，得到了公義，獲得了應許，堵住了獅子大口，撲滅了迅速的烈火，逃脫了刀劍的鋒刃，由弱變強，在戰爭中漸漸強盛，並打敗了外敵。但婦女們僅僅是透過投胎轉世得到一副已經死亡的軀體。

# 第三章

## 強度，穩定性，堅定不移

當一個強壯的人全副武裝守衛自己的庭院時，他的財物是處於安全狀態的：但是當有一個比他強壯的人來到他門前並且戰勝他時，就奪去了他所信任的全部裝備，又瓜分了他的獎品。

耶穌講述了一個強壯的人被另一個更強而有力的人戰勝的例子。這種事件在福音書的三個地方都有提到，他們分別是馬太、馬可和路加福音。這通常被解釋為戰勝罪惡的一般方法，但強壯的人對他的院子（或房子）擁有獨特的身分，克服他的必要性彰顯了一個更深的意義。一個研究人類作為一個性聚合體的人很早就把「壯漢」看作是十二個組成一個普通人所需的基本力量的一種。耶穌的使徒中強者被指定為安得烈，彼得的弟弟。希臘語的意思是「強壯的男人」。

在自然世界的發展中，蔬菜生長和動物生命的發展是由粗到細發展的，這與人的許多方面是相像的。萬物之源都是存在於思想範疇的；一個事實證明，對於未能預見的事情，賦予信心滿滿的工作熱情，使人比任何神聖心靈的描繪都要強大。然而，法律思想演化的知識並沒有減輕人類精練的必要性和內化各種類型的、已經存在的人的壓力，因為這些是縮影。

耶和華這個人總是使亞當和生命的氣息呼吸進入他的鼻孔裡。亞當這個人存在於眾多男人的潛意識中。智慧的人和

愚妄的人，善良的人和殘忍的人，深愛的人和憎恨的人，小氣的人和慷慨的人，飢餓的人和圓滿的人，快樂的人和陷入困境的人，脆弱的人和強壯的人，好人和壞人，活著的人和死了的人，窮人和富人，膽小的人和勇敢的人，病人和健康的人，老人和年輕人，飄忽不定的人和理智果斷的人——這些人，按性格來分有上千種類型的人，占據了每個意識。每一個男性心裡有一個屬於他的女性，每一個女性心裡有一個屬於她的男性。這個被生理學承認的事實，充實了《創世紀》紀錄中關於把人劃分為「男性和女性」的說法，還有關於亞當和夏娃分別為男性和女性的說法。事實受到偉大導師的證實，他說，「你們從來不知道，從他們誕生起就被劃分為男性和女性了嗎？」

耶穌指出，「強壯的人得以全副武裝」，人類擁有力量和穩定性。在自然的人中他擁有顯見的體力，但在輪迴再生的時候，他被馴服，財產被分割給其他的親屬關係，就像核能量的周圍聚集了更加強大的能量。「比他強壯的人」奪走了這個強壯的人視之為信賴的精神力量的「全部武裝」。戰勝巨人的大衛說精神力量能夠戰勝物質力量。歌利亞信賴其裝甲，這代表著物質的保護力和擁有的物質條件。大衛，擁有精神力量，卻沒有護甲或物質的保護。大衛的力量是從信任神聖的智慧中獲得的，透過這他看到了巨人盔甲中薄弱的

地方。集中他的意志直指這個薄弱的地方，他堅信這一下能打破這個巨人的額頭。這件事情說明當精神指揮行動的時候，戰勝一個看似強壯的人或窘困的物質條件是一件非常容易的事。

大衛對自己信心滿滿，因為他曾殺死過撕咬他的羊的獅子。在人類看來，這獅子是野獸；當戰勝後，或者相反地，這會轉化成更強大的能量，這獅子變成了靈魂深處更強大的力量。

參孫的生命，如《士師記》所說的，展現了人類意志力量的不同變動，它的背叛和結束。參孫能做出各種運動的特技動作，但最終被一個叫黛利拉的俗氣女人，剃了光頭，搶走他的力量，當他睡在她膝蓋上的時候。頭髮代表著活力。當重要的原則被帶走了，力量伴隨著它消失了。因為這個致命的打擊，身體被削弱了，生命最終滅亡了。夏娃以同樣的方式帶走了亞當的力量，每個人為了愉悅的感覺而放棄身體中至關重要的精要，就像是盲目地推倒他自己殿堂的支柱，正如參孫一樣。

由耶穌證實的最高力量可以被信任精神和儲存祂重要物質的人獲得。為了保持精神和肉體的不朽和戰勝死亡，精神力量是必要的。「因為太監，也是從母腹中生的；但有的太監是由男性所造的；還有的太監，是為首位天堂之國而生的」。

身體中有許多「腦幹」和神經中心，透過它們的思維得以反應。我們應該運用軀體的每一個細胞，並有意識地指揮每個功能去構建我們的身體。

當透過運轉儲存了每個特定反應的能量的大腦中心時，一個人就掌握了機體這些不同的功能，那麼身體裡所有不良的變化都會停止，身體永遠都是嶄新的。

這裡所說的力量不僅僅指的是體力，還有心理和精神的力量。所有的力量都源於精神力量；思想和言語精神只是一種表現。

「耶和華這個名字就像是一座堅固的塔。」

我們朝著我們理想化的方向發展。肯定或命名一種強大的精神原則是為該原則貼上標籤；然後這些原則代表著那些肯定它們存在的思想領域。

「支持上帝還有支撐祂的力量」，這是對我們自己和他人強而有力的肯定。思想中，保持堅定、堅強和穩定，你將在心靈和身體上建立起力量。永遠不要讓思想的弱點進入你的意識中，也不要忽略肯定和確認你自己就是身體內外的中流砥柱。

人的發展是有規律可循的。創造性思維不僅是法律，還是由法律設立起的對行動的控制行為。我們都以為人是由可

以順從或反叛意志的創造性思維產生的命令和法令下出現的，甚至於可以隨時改變想法或公布一條新的法令；但對自我清楚認知和不變的神聖的心靈的認識後，我們意識到任何東西在行為和法令的統治下都有它的基墊，創造者和被創造者都必須遵循這一規律。

人類的發展不是主要地依賴物理定律，因為物理定律是次要的。有一條法律的精神，俗世的但顯示出來的是一些法律的效力。從神聖心靈中，我們開始存在；這些想法被表達和發展並修成正果，這表達是靈魂成長中的重要部分。

演化是靈魂裡思維發展的結果。我們是什麼，這是意識演化的結果，而這意識是靈魂中思想種子播種的結果。當孩子們偉大的導師福祿貝爾，創辦了他的小學，在他為這學校取名字的時候，他想了很久。一天，一個名字湧入他的腦海，就叫做「孩子們的花園」；所以他叫他的學校為「幼稚園」。福祿貝爾可能沒有遇見這種連繫，但這是他為教育人類後代所建造的系統的命名，他是真的準備把這寫進創世紀 2:8。人類是上帝的花園，因為土壤是無所不在的思想的實質。

耶穌說，種子就是單字；祂以種子播種在各個地方並且播種的結果來說明。種子或上帝這個詞彙都被播種在人們的腦海裡；這些種子的思想經歷許多變化，他們根據接收土壤

養分的容量而得到收穫。如果你將按著上帝的意志去做事，你的意志中關於神靈部分可以得到鍛鍊進而可以加強你的意志力。如果你相信看不見的東西，信仰種子會在你的頭腦中生根發芽，你的信心也將會增加。神聖心靈中的每個詞或想法由人在他的腦海裡播種，根據個人的接受能力，得以生長。「種瓜得瓜」，所以所有存在於神聖心靈中的能力（上帝住所的十二根支柱）都是透過人的思想和身體表現出來。

一些人說，《聖經》是一項關於生理的工作。其實它的內容遠比這要多；它是將靈、魂、體結合一起的。這就是為什麼那些僅從生理角度來研究過《聖經》的人並不能很好地理解它。他們關注的是如何描述的肉和骨頭。沒有連繫生活和智慧，這些事情的真相根本無法展現出來；《聖經》裡用了許多符號闡述這個事實。

耶穌，偉大的老師，知道人的本質，運用精神開始演化。祂是「上帝的獨生子」；祂是那種，無論在精神文化、靈魂的文化還是體育文化上，都應設法追隨的類型。如果你想收穫最好的，可以學習耶穌的方法。研究他們的所有細節，學習關於描繪這個偉大人物精神的任何言語，你會找到發展你的靈魂和你的身體的真正路徑。如果你要執行他的體系，你將會發現一個全新的人，一個你從未想過，隱藏於你潛意識的領域人物。

# 第四章

## 智慧－判斷

　　哪一個是好，是智慧還是愛？經過長時間的研究分析保
羅在哥林多前書 13 章中提出關於愛的定義，亨利‧德拉蒙
德宣告說，愛是「世界上最偉大的東西」。他的結論是基於
保羅關於愛的美德上得出的。智慧和愛情都是支持，《世界
上最偉大的事》（*The Greatest Thing in the World*）的作者都
不確定自己的立場。毫無爭論的是，一切失敗了但依然可以
獲得愛情，儘管它很強烈，但卻造成許多錯誤。愛會令人為
了他愛的東西而做出一切犧牲；另一方面，在他盲目地尋找
快樂的事同時，他又被誘惑進陷阱裡。就是這種愛導致夏娃
墜落到魔咒之下、亡命狂蛇中。她看到樹上的果實是「愉快
的眼睛」。她追隨的是人生的樂趣而不是如何展現她使用壽
命的智慧。我們擁有快樂和痛苦，或善與惡，都是夏娃盲目
的愛的結果。

　　如果夏娃和亞當聽從上帝的智慧，而不是單單追隨愛的
感受，那我們會成為什麼樣的人呢？這是任何人都可以問的
一個重要的問題。它已經討論了很多個世紀。但卻依然有著
雙重的答案。那些得到第一個答案的人聲稱它是正確的，而
那些得到第二個答案向你保證說，不可能有其他結論。這個
問題取決於一個點，那就是：一個人為了得到好的東西就一
定要經歷罪惡的洗禮嗎？如果讓人了解所有的智慧和無限快
樂的可能性，那他將不需要有與終點相反的經歷。在我們享

受愉悅前就非得要經歷磨難嗎？是不是得一個孩子把他的手放在火爐上烤時，他才會更強烈地感受到健康的重要性呢？他對火爐了解的不夠多嗎？數不清的例子告訴我們，透過經驗，我們現象世界中事物之間存在的關係。但是如果我們將這個規則運用於由絕對規則統治的科學上時，了解這種負面的影響就顯得沒必要了。精通數學是沒必要的，因為人都會犯錯。一個越緊密遵循正確科學的人越能輕易和正確地得出結論。這是為了證明研究淺薄的人可以得到絕對或相對的結論，而研究深入的人的理解更有智慧和邏輯順序，他將這種智慧和邏輯融入了自己的理解之中。

上帝知道了有一個反映祂正面的負面存在，但祂並不知道這種負面存在的存在。我們知道有一個存於社會陰暗面的罪惡的存在，在這陰暗面下。文明生活的所有規則都被打破了，但因為我們並未涉及到那裡，所以我們並不知道這種社會的存在。從亞當和夏娃這個寓言中，這個男人和女人曾被理智地勸諭不要「偷食禁果」（不要觸及意識裡果樹中好與壞的果實）。但愉悅的快感（毒蛇）引誘著他們，他們還是偷吃了。

感動、感覺、親情和愛情是緊密結合。感覺是在伊甸園式的寓言，是人格化的亡命狂蛇，是田野裡的野獸中最微妙的（動物為了存活而需要物質能量）。這種微妙的感覺以各

種形式展現它的快樂，當精神和物質加入到生命的狂喜中時，這令人十分激動。當渴望快樂的感覺沒有了、理性的指導也消失時，認為這個物質的宇宙是唯一的現實存在這種想法就會浮現。耶和華，這個了解人類秉性的人，在一個「冷靜日」裡和他交談起來。在激情和快樂的騷動下，人類並不聽從這種「微弱的話語」，但在「冷靜日」裡，他心平氣和地思考著，聽到了他心底理智和抉擇說，「你在哪裡呀，亞當？」

這「偉大的審判日」指的是每一天，是在未來某個命中注定的時刻，這時刻是在我們判斷這世界和因為我們的罪行而懲罰自己前已經注定的。負責新約翻譯授權版本和美國標準版本的翻譯人員解釋了「審判日」令人煩惱或恐懼的原因。在每個由耶穌提出判斷的例子中，祂說「在審判日」裡，譯者改變的是，出現在未來明確的一點上時間的判斷，而不是重複地解說個體和國家產生的原因。我們知道，我們正在不斷被引導去做出關於違反道德法律和自然規律的判斷。然而，這些背後的是精神法律，是即使我們的種族消失了但仍能拯救我們的東西。耶穌展現的是修補違反法律的結果。

當我們了解到我們人類的本質時，這樣的思維之光開始從內部打破自我並了解到事實的真相；催生了我們的雅各和

關於能力的判斷。當它發生時，我們發現我們自己可以區分善與惡。我們不再接受所謂的種族標準或世俗智慧的教義，但是我們是「公平審判的」；運用內在的直覺，我們知道判斷一個人和事應從一個嶄新的角度出發。詩人說，「知識來了，但智慧還在徘徊。」這僅僅屬於智力發展。當一個人激起他內心之光時，對他的主觀能力來說，他說的話更有權威。在人類的意識裡，耶穌代表了上帝的兒子，賦予了祂統治世界的權力。上帝之子完全是精神層面上的，祂使用的是祂創造的精神思想、文字和法律。

當耶穌呼喚十二門徒的時候，你默默地呼喚那些駐紮在思想和身體中並且有控制作用的能量。當祂召喚彼得、雅各和約翰時，祂的意識裡快速地掠過信任、判斷和愛心這些能力。因為對於一個均衡的人來說，這些能力是最直觀和重要的，所以這三個門徒相對於其他門徒來說經常被提及到。安得烈（代表的是力量）是最常被召喚的門徒，他是各種真性情的基礎，代表的是穩定性。

「公正的雅各」這個名稱是在耶路撒冷的第一主教的指引下由歷史學家賦予的。一開始追隨耶穌的人中有很多個雅各，有的人會有疑惑說，公正的雅各和門徒雅各是不是一樣的。

在一個關於人類三重天性的分析中反映到，每一個平面

都有反光的地方和每一個心靈和思想都有洞察世故的能力。
在人體內，透過經驗可以得到結論；在智力上，原因是每個
問題的假設仲裁者；在精神上，直覺和靈感可以對生活中所
有的問題帶來快速和肯定的回答。耶穌是人類最偉大的導
師，因為無論從小到大的事，祂總是知道。透過把事物視為
「錯誤」，祂使自己的觸覺不枯萎（因為他們在視野中總是有
限的），但祂並沒放棄他們。祂把彼得、雅各和約翰帶到山
上，在他們面前祂自己已經改變。當我們意識到這種精神的
可能性是由無所不能的心靈引起時，我們獲得了成長，所有
的這些能力和我們一起也得到了成長。迪亞洛特說，「如果
我生長在這地球的高空，我會服侍一切。」

　　智慧、正義、判斷，被聚集在腦袋的精神意識裡。韋伯
斯特說，原因在判斷中很重要，它可以得出結論，而在概念
上說它們是連繫在一起的。在宗教裡，有透過直接感知神法
的假設判斷。

　　所羅門，是太陽的人或腹腔神經叢的人，當被上帝問祂
應該給他什麼時，在財富和榮譽之下，他選擇了智慧；然後
其他所有的東西都增加了。所羅門做出的是一個明智的選
擇。他擁有罕見的直覺力，運用它，他遊刃有餘地做出選
擇。他不僅僅滿足於事實的調查，而且尋求其內在的動機。
在兩個女人都聲稱有同樣嬰兒的情況下，他吩咐服務員用一

把劍把孩子割開兩半，並分給這兩個女人。當然，孩子真正的母親會乞求他不要這麼做，這樣，他馬上知道了哪個才是孩子的母親。

把情感上自然的吸引力用於人的判斷上，這是最高的境界，這與神聖的法律是和諧一致的。在處理重大的問題上，僅僅根據我們的感覺而做出判斷的話，這是不安全的。但靈性識別顯示的是人類「迅速識別」的能力在胸部已有行動的印記。猶太人穿戴的鐵甲穿在牧師身上有十二塊石頭，代表著靈魂中的十二種巨大能力。對神的律法已有的洞察力是牧師的最高榮耀。耶穌是上帝最高尚的牧師，每個人的名字根據祂是上帝之子的天性洞察力，或多或少都是耶穌名字的臨摹。

直覺、判斷、智慧、正義、明辨純粹的理解和深刻理解，對於人來說都是天性的。所有的這些品格，或者更多，都是我們透過神聖的名分得到的。「我說，你們是神，是至高者的兒子！」基督宣告著我們。保羅看到了基督等在每個靈魂的門前，當祂寫道：「該醒了，你們這些沉睡中的人，從死亡中逃脫復活，救世主的光芒將會照耀著你。」

我們快速地對聖靈的判斷產生了我們對整個世界的判斷。「排在首位的智慧是最純潔的，還是平和的」。當我們呼籲把這種公義的審判轉變為行動時，我們會發現我們關於

正確和錯誤的標準正經歷著急速的變化，但是如果我們依舊堅持上帝為我們的最高領袖的話，我們會獲得所有的正義。

　　很多人懷疑是否在所有事物中有一條無限正義的法律在發揮作用；讓他們現在用心和知道這些法律事先並未在他們的事務中發揮作用，因為在靈魂的中心創意處，它們並未發揮作用。當我們把內在力量變成行動，宇宙間的規律開始在我們身上發揮巨大作用，這些規律不管多少都在我們身上產生了作用。我們沒有制定法律，法律是這世界形成以前為了我們的利益而建立的。耶穌在醫治群眾時並沒有指定關於健康的規則；透過辨別那些被人們無視的病症，祂得出的僅是一個粗略的表達。判讀之外很多事祂不能明白的。這個事實甚至被那些執行法律的受託人所公認的。百仕通說，這判決，雖然不是由法官宣告和授予的，也不是他們的意志和審判的結果，但卻是法律的意志和審判的結果。所以我們當中由耶穌委任的、履行法律的人應該理智地認識到法律的實體已經豐滿地存在於此，等待我們在其中明辨自我並且在全世界施展它正義的作用。

　　「我是葡萄樹，你們就是它的枝條」。用這個象徵耶穌把法律解釋成常見的東西。由葡萄樹構造的法律建築支撐著人體中的實體。頭部中身分的中心還有它的活動被分散到個神經中，透過神經流淌到身體的各個部位。救世主耶穌的十二

個門徒代表的是人類機體中十二個原始的子中心。一個關於人類思維和身體的研究揭示了這種規律。

甚至生理學家，他們把身體看做一個純粹的物理生物，發現他們總結的某些細胞的聚合並沒有其他的作用，沒有其他目的，僅僅是分配智力。對於研究人類思想的人來說，這些細胞的聚合被看作是某些基本思想展現的途徑。我們將這些思想命名為人的十二種能量，在人的意識中也被命名為耶穌的十二門徒，透過他們的反應，在人類的身體裡表現為十二座房子、村莊、城市或中心。

智慧包括判斷、歧視、直覺，還有所有來自於頭部感知下產生的思想中所有的部分。這房子或聰明的法官的王座是在神經中心，名為腹腔神經叢。人們自然地把它們看作是胃部的坑窪處。這個中心中主導的智力因素知道發生了什麼，特別是與意識領域的身體和它的需求相關。化學是其專業；它也知道一切與靈魂和身體的感覺。在最高階段它因為腦部頂部精神作用產生的白光而發生聚合。這位統治這個中心的門徒稱為雅各。容量被書寫出來，用來形容人類身體建造和儲存的能量產生的活動。在它能被傳輸到各個急待中心理智地去判斷為它們提供構建骨架、肌肉、神經、眼睛、耳朵、頭髮和指甲以及機體各個部位所需的物質前，我們吸收到胃裡的食物都得到理智和科學的處理。當我們研究身體和它的

因應作用時，我們會發現我們十分依賴這種智力因素和雅各的能力，那個透過腹腔神經叢發揮作用的人。

當人類開始跟隨耶穌獲得再生時他發現他必須配合祂門徒或能力的工作。迄今為止，他們已經處於自然的法則下，在自然世界他們成為了漁民。透過祂作為神的兒子了解祂之後，人類也在原來的創造性的法律下精誠合作。他呼喚他的能力走出實質性而走向精神性。這個過程由耶穌識別出來並稱之為門徒。

呼喚認為門徒是心理上認知到祂的力量；也是用智慧辨別某個在中心處發揮作用的門徒。例如，判斷位於腹腔神經叢。為了確認它的身分，它自己必須透過救世主認知到它和上帝是緊密連繫在一起的，救世主是上帝之子的想法通常都存在於人類比較高階的意識中。在一個人真正的成長過程中，一個人對其名分的識別和與上帝連繫在一起是基本的。救世主是上帝王國之門。耶穌曾說王國就是一個羊圈。如果一個人想進入這個王國但不經救世主之門，他就是一個盜賊和搶劫犯。只有經由救世主我們才能把這十二力量轉變成精神活動。如果我們試圖透過其他途徑對這結局產生影響，我們將有一個異常、混亂和非法的靈魂吧。透過救世主去辨別一個人和救世主的關係，一個人應該中心注意力在心窩和肯定道：

這裡的基督思想的智慧活躍是透過我承認基督與上帝確定和統一。智慧、判斷力、歧視、純潔和權力現在在這裡以聖潔的妝飾表達著自己。正義、公義、和基督思想的平和現在協調，明智地和肯定地直接在寺廟和我的身體上建立上帝的王國。在我頭腦裡，不再有戰爭，有爭議的想法，因為上帝的平和境界已經建造起來了，還有獅子和羔羊（代表的是勇氣和清白），坐在以智慧和愛統治的寶座上。

# 第五章

## 再生愛

在我們清楚了解自己的個性前，我們無法正確理解從清楚變為不清楚的關係。如果我們只在個性的角度想到上帝，我們就很難理解存在於人和上帝之間的連繫。

所以，讓我們剔除上帝是人類的想法，甚至一個人高舉遠高於人類的特點。只要一個人的概念——關於上帝存在於意識中的想法，這會造成真正概念缺乏存在的空間，上帝就是第一個原因，也是所有表現展現的原理。要理解在人類家族存在下的複雜的條件，我們必須分析其本質以及其創造性的過程。

人類思想中固有的思想基本是十二種力量的思想，在行動上表現為原始的具有創造性的力量。對於人來說，與自身結成聯盟並去使用這些原始的力量是有可能的，並且從而配合創造性的法律，但是為了做到這一點，他自身必須與這些力量分離，並且進入潛藏在他們背後存在於意識中的這些思維。

《聖經》中存在於頭腦中的最原始中的想法被稱為「上帝的兒子」。書上的內容證實說，這個陽剛的「兒子」計畫是包括男性和女性，事實上，是整個人類的歷史。人類必須是男性和女性，為了使人類更加形象和相像，就分為「男人和女人」。

為了分析這種神聖的思想或者上帝的兒子，我們發現他們展現特徵，使我們很容易地就確定為男性或女性。例如，生命是上帝的一個兒子，然而愛卻是上帝的一個女兒。智慧是上帝的一個兒子，想像力卻是上帝的女兒。這種性別不同存在於植物和動物世界的證據是多麼的清晰，也是毫無疑問的，但是我們對於男性和女性並沒有如此清晰的想法。人類中，男性和女性的結合所產生的力量是情感本質上最為有效的，耶穌一條關於外部規則的條例寫道，並且這些力量時持久並且永不分離的。祂說，記錄在馬克 10:6-9。

　　從一開始的創作，男性和女性令他們一起。因為這個原因令一個人離開他的父親和母親，去要忠於他的妻子；這夫妻就變成了一個個體；因此，他們不再是兩個人，而是合而為一。所以神所配合一起的，是人不可分開的。

　　我們應該清楚地理解每一種不同的想法，或是上帝的兒子女兒，擁有身分和創作是奮鬥與神性可能帶來的固有屬性。對於這些想法，或兒女，或凡人，或神，說：「讓我們用我們的想像力構造出人的形象，像我們自己一樣。」（創 1:26）

　　注重精神的人是人類屬性和完美想法的總和，具有可識別性和個性。這個人是神的「獨生子」。耶和華，或者我就是我，是這個神聖的人的名字。祂更高自我的表現是耶穌，

在《聖經》裡被稱為救世主。耶穌把祂就做「我的父親」；在《馬太福音》這本書裡，祂稱祂為「父親」超過四十次。救世主是我們的父親；因為祂，神或原始的人類創造了所有的人類。那是耶和華，或是我，使亞當從地上的塵土和呼吸在他鼻孔內的生命之氣鑽出來並造就他的形成。呼吸是靈感的象徵。耶穌玷汙了祂的門徒，對他們說：「你們要接納聖靈。」

三個原始力量被表現為最簡單的原生質體的細胞。科學說，每個原子有物質、生命和智慧。這符合耶和華富有象徵性的創意過程，就如《創世紀》2:7 裡描繪的。「地上的塵土」是物質的；「呼吸」指的是給予的智慧；「活的靈魂」是加快了的生活。這三個三位一體構成了自然世界，在其中人的身體被鑄造出來了。當我們理解創意過程就是人的發展過程中各種不同的原理發揮作用，在許多令人費解的情況下消失了。沒有法律和秩序。上帝無法誕生。一個人的誕生，必須有一些在某些靈魂演化的階段並相互對彼此發揮作用力量的結合；但當一個人明白，偉大的創造性思維帶來了律法在之下，和諧和矛盾似乎占主導地位的地方，和解和一致性被發現了。

在上帝所有的女兒中，愛無疑是最美麗的，誘人的，迷人的。她天生就是非常膽小和溫和，但當她被喚醒時，她卻是大膽和極其無所畏懼的。母親的愛就如生命一樣健壯，將

會令她做出每一個犧牲來保護後代。這全心全意，自我犧牲的愛的方面代表一股比動物或人類更深和更強大的精神，我們是被迫著去承認這種神聖的。為此，在我們分析這種偉大的情感時，媽媽的愛被高舉到最高位置。但母親應該留意以免他們在表達這種愛時將人類的自私捲入到這種神聖的愛之中。

　　這個世界上愛最流行的表達是男人們和女人們之間的愛。這種愛也會被誤解，因為這個原因，她被迫以她不自然的方式表達自己。她也被迫做一些她不喜歡的事情，然而除了在人類意志的壓迫力下，她並不能做其他的。這裡有一種對愛更為純真判斷的期盼和她在男性和女性之間存在的最神聖的關係做正確的調整。愛是來自於上帝的，並以它最原始的純潔給予人類。它是純粹的本質被凝固在整個人類大家庭之中。沒有愛，我們可能與這世界斷開連繫，我們會飛入太空並迷途在星塵中。「重力」是凡人為愛而取的名字。有了愛無形的翅膀，我們得以穩穩地被湧入地球這豐富多樣的懷裡，在那裡，我們找到了宇宙間最溫暖的港灣。家庭裡所有的愛是建立在人類對這個星球天生的熱愛。當佩恩寫道「家，甜蜜的家」時，他的靈感來自於對母親的愛，去歌頌人類中唯一持久的地方 —— 我們親愛的地球母親。

　　人類家庭最初的伊甸園是由上帝建造在地球上的，它也

依舊在這裡。它的原型存在於人類的靈魂裡，但我們未能進入它，因為我們沒有理解愛與人類原始物質之間的關係，而這是所有東西建立的基礎。

解說愛的更深含義並非是個很困難的任務，但誰將願意把愛淹沒在人類意識和被覆蓋了的自私中？你說：「這不是愛情，是激情和慾望。」但是我們應該記住我們已經放下的，正如一條基本原理，就是上帝就是愛，世上只有一個上帝，也只有這麼一種愛。這是對的，我們必須為每一個表現找到創造性的法律地位，無論其明顯的矛盾是第一原因的正義性。

在男人們和女人們的婚姻關係中，愛被淹沒和摔落與感覺意識中，正如巨大的痛苦被淹沒在世界裡。婚姻應該是愛的一個永恆的盛宴，所以如果愛的規律被發覺時，這將可能成為現實。對於男人和女人來說，求愛通常是最讓人愉悅的經歷，因為這樣的愛是沒有慾望的。

如果夫妻間的律法得以更好地理解，求愛的幸福會讓婚姻生活持續多年，離婚這個詞將不被知曉。對於心理學家來說，這是一個眾所周知的事實，就是當打破性規律時，丈夫和妻子之間的大多數矛盾就會產生。在《創世紀》的前幾章裡，這罪惡最後物理生物的虛弱和最終蛻變的就是象徵性地描繪在所謂的「人類的墮落」。亞當和夏娃代表著無辜的和

未受教育的每個男性和女性的權力。蛇象徵著感覺，在所有生物體結合了生命和物質。對快樂的渴望和用一個看似簡短和簡單的方法來獲得智慧誘惑著女性，她吃著或挪用著。男性也吃著。在「涼爽的一天」（在激情的溫度冷卻後）他們都發現，他們都是赤裸裸的。他們擁有了能給予他們快樂的唯一對象，這是與人類律法相違背的。所有的事情都是為這一個目的去做的，快樂的相伴物也只有一個。快樂把熱情租借給所有的行動，但在意識裡它不應該被抬到更高的地方。

　　為了單純快樂的性放縱是一個消耗或挪用貫穿整個神經系統的物質的行為，也就好比一棵樹。這多餘的快樂是遲早都會伴隨著平等的反應，這是具有破壞性的，身體會在痛苦中哭泣。這種快樂我們稱為「好的」，這種痛苦我們說是「可惡的」。在這裡，簡而言之，就像是一個啃食一棵充滿「美好和罪惡的知識」的樹的解釋。

　　當生物體內的物質被儲存和守恆時，神經負責提供一種精神能量供給。當感覺被忽略時，男人們和女人們將耗盡他們的物質，玫瑰一樣的臉頰和眼睛的光芒會逐漸消失。曾經令人滿意的親吻和觸碰，變得毫無生氣和冰冷。

　　儲存這種純正的生命物質隱藏在身體中以恢復活力，在其轉化純度下最後延續整個有機體。（約翰看見耶穌在這純淨的狀態，如啟示 1:12-16 描述的一樣。）沒有人能在自己

的想像中就能獲得這個尊貴的身分，但透過上帝的愛，每個人都可以實現。「因為上帝如此熱愛這世界，以至於祂把你的獨生子也奉獻出來，凡相信祂的人不至於滅亡，反而得到永生」。

　　沒有愛的再生是不可能的。透過男性和女性因數的結合，一個新的嬰兒體誕生了，透過愛去協調靈魂加入創意性的精神力量，救世主迅速地形成了。這種工作也能透過個體的努力完成，在男性和女性靈魂和肉體的關係中，持續性的建設性的行動是必須的；但對於偉大的示範而言，給予神靈珍貴的愛是必須的。這個女人，頭和腳都塗著耶穌的「愛得多」，耶穌說無論福音傳遍天下什麼地方無論她做什麼都被記得。這把男性純真的愛湧入到女性的愛之中是對所有女性的引導。全世界女性被淹沒的愛都要求從男性感性的統治中釋放出來。補救的辦法是：把救世主的愛塗在男人的頭（意志）和他的腳（理解力）上，那樣他將被純化和感到滿意。不需要說一句話便能帶來改變。如果在安靜和信心的存在中，神聖之愛的權力得到肯定，法律將得到實現。

　　在意義上愛雖被淹沒了，但仍然保留著童貞的記憶，排斥和抵抗慾望誘惑。因為對愛的濫用，一些最可怕的問題產生到身體上。這並不是自由的方式；透過一種存在和一種力量穩定和堅固的支撐，人類之子被高舉起來，正如摩西在曠

野高舉著蛇。

　　智慧和愛的結合是《聖經》裡象徵性的描述，正如羊羔從世界的基地被殺害（A.V.）。但現在男人們和女人們研究著人類的律法，在某些角度試圖在婚姻關係中研究它們。而不是讓慾望淹沒愛情，光明之子保留其原始純潔並且手牽著手朝著下一個律法到來的黎明走去，將會有一個眾多等待靈魂的被隱藏的方式，但當愛被高舉的時候，它們會顯示出真正的面紗。

　　呼喊它的並不是愛，因為愛的天堂已經逃離，自從地球上強烈的慾望篡奪了它的名字；在簡單的表面上，它有所圈養，在光鮮的魅力下，它用責備吸出印跡；在暴躁的暴君汙染下，它很快失去了兒子，正如毛毛蟲啃食了鮮嫩的葉子。溫存的愛就像雨後的陽光，但慾望的就像是陽光下的暴風雨；愛的春天總是保持著新鮮，慾望的冬季就像夏天只來臨了一半；愛適可而止，而慾望卻像一個貪吃的人死亡；愛所有的鬥志真理，而慾望充滿了偽造的謊言。

# 第六章

## 權力－主權－統治權

人類不能行使精神本質的權力，因為他缺乏對性格的理解和存在於原始思維的理解。從神靈中，人繼承了超過思想力量的能量 —— 事實上，權力勝於所有的想法。從高處加快的思想必須顯於一個人天生對思想和感覺控制的實現。對聖靈的洗禮是精神實質的加速，這反映在智慧和身體上。當一個人理解人類科學時，他就準備接受這種洗禮和利用它更深的思維方式。耶穌已經教會祂的門徒和追隨者們，在五旬節那天，他們準備接受這種洗禮。

「當聖靈降臨到你身上時，你們要接收這種能量」。能量對於運作而言是至關重要的，救世主耶穌希望祂的追隨者們在人性這個領域裡大有作為。這命令是：到每個國家傳播福音。人類應該運用這話語的能量至他的救贖裡，還有，他應對民眾說一些靈魂救贖的話語，讓這些話到達人們自己的靈魂和軀體。

在耶穌的眾多門徒中，腓力代表靈魂的能量。「腓力」這個詞意思是「馬的寵兒」。在物理活動中，馬代表著能量，牛代表著力量。每一個人的十二種基礎能力都有一個自我，這在某種程度上反映了人對於上帝的原始看法。在機體意識中十二門徒，像自我一樣，擁有十二個中心或者寶座，那是他們施展能量的地方。意志力從頭就傳達著它的統治力；愛來自於胸部；力量（這特點是我們這裡分析的自我）

來自於喉嚨。能量是一棵大樹的樹枝；在《創世紀》中它被命名為「生命」。一棵樹的機體是它的脊髓，比它的活動系統還要重要，骨髓透過分支傳輸到機體的各個部分，使它的神經能量得以運轉。

位於咽喉處的能量中心控制著整個機體可以振動的能量。它是位於無形和有形的振動世界之間、關於聲音表達之門。每一個說出的字都能根據其產生能量的能力而接收到特定的地點。當耶穌說，「我對你說的話是精神也是生命」，祂的意思是，透過祂說的話可以傳達一股具有加速內心運作的精神力量，這種力量可以進入接收者的思想並喚醒他沉睡的心靈和生命。當這種聲音和靈魂的生命結合在一起，就更有吸引力和深度，以至於聽眾能感受得到並記住；缺少這種結合的聲音是機械和膚淺的。

聲音文化可能會造就一股語言輝煌，但每一位偉大的歌者都有其靈魂的交流。但每一位與精神有結合的聲音都是更廣闊、更深入的，他們會對耶穌說：「天堂和地獄可能會逝去，但我的話語是永存的。」

當我們了解這股言語的力量時，我們便擁有了通往永久的神聖著作之門的鑰匙。依據傳統，《聖經》所有的著作都被破壞但又由以斯得拉書修復，他「記在他的心裡」還要重新書寫他們。思想領域現代的發現在某種程度上解釋了這種

神祕的發現。我們現在知道人類吐出的一字一句在星體上留下了印跡。當說話者的腦海裡具有上帝生命的意識時，他所有的言語變得活的身分和永不朽。那個開發足夠精神能量的人，可以以宇宙的思想和閱讀書本以外的眼光進入書的生命裡。

　　人類的思想和身體擁有從一個平面的意識轉換到另一個的作用。這種力量和統治力從一開始便植入人體內。根據《聖經》的說法，「上帝說，讓我們在自己的想像力中想像我們的人類，就像我們一樣；他們應該擁有高於大海裡的魚的統治力，高於天上的飛鳥，高於牛，和高於地球，高於爬在地上的一切昆蟲」（創 1:26；小翻譯）。保羅透過呼喚人類榮耀繼承的注意力來證實這種說法：

　　你心理的眼睛覺悟了，你知道他的恩召有何等的指望，在他繼承的基業裡，有何等豐盛的榮耀，能超過他超級能量的要看那個人信任誰，要根據他想像中的依靠救世主工作能力，當救世主把他從死亡中拯救過來時，還讓他坐在天堂裡祂的右手處，遠遠超過所有規則、權威、力量和統治力，還有所有被命名的名字，不只在這世界上，還存在於未知的世界裡。

　　在人類意識的上帝王國裡，能量的能力在控制許多情感的表達上、靈感和思想上發揮著很重要的作用。當人統治那

來自於原始衝動的感情和感覺時，聲音是這種表達最直接的途徑。愛的力量使聲音豐富、溫暖和柔和。透過培養一種對待每個人、每件事的愛的態度，人可以在其靈魂深處讓愛得以自由；經由對坐在十二寶座裡的門徒施以無聲的言語力量，可以增加他的力量。力量的擺動開啟了所有思想和肉體之門。但一個人感覺到自己至關重要和充滿能量時，聲音是強大的、充滿活力的和輝煌的。當一個人傷心時，透過悲哀的語調，身體被削弱、聲音也背叛其缺陷。經過咽喉部位力量的振動，一個人可以感受得到比其他方法更快更高的自我的力量聚集。這揭示了統治人類的思想，耶穌肯定地說：「所有的力量都賜予我的天堂（思想）和我的人間（軀體）。」（A.V.）當耶穌做出祂的肯定時，祂無疑是了解祂天生的精神統治能力，當祂有意識地協調對於思想頭腦和身體的精神地位時，一股有意識的權力湧入，祂的聽眾說，祂「教會他們擁有權力，但卻和文士不一樣」。

在再生的過程中，權力意識潮起潮落，因為新舊思想的潮汐在意識和潛意識的思維領域中更替變化。然而，當一個門徒意識到他和絕對權力相結合時，他多多少少也會受到這種變化的阻擾，這種變化也會進入到他的思想和身體中；他知道他精神的統治力建立起來了，這種堅定的信念變現在他堅定的話語上。耶穌說：「天堂和地獄已經逝去，但我的話

語並沒消失。」這裡面有精神力量和永恆想法結合的證據。這種結合摧毀了多年的思想和正在下降的權力，當被那些深信年齡的人喚醒時，它就會轉變他們並把實物變得煥然一新。

　　每一個偉大的歌手都有其內在的精神力量來作為一個持久的信念。正如著名的歌手 —— 嘉麗庫爾奇，克服困難一樣，這象徵了不屈不撓的毅力和力量。在她事業早期，她遭受歌劇評論家的打擊。他們告訴她，她不可能取得成功，但她還是堅持了下來；最後她終於克服了她聲音的每個缺陷。對於那些遭遇挫折就想屈服於環境和自身和環境條件的人來說，這是一個很有意義的教訓。拿保羅的話為例吧，「任何事都不能動搖我」（A.V.），並對你至上的精神做出不夠資格的肯定。

　　一些形而上學的學校甚至提醒學生要與力量的發展背道而馳，因為他們擔心它將被用於自私或雄心勃勃的方式。個人自我有時緊抓住發揮能量的能力和把它用於自身的強大，這無疑是正確的；我們可以很容易地看到所謂的「魔鬼」起源。想要在運用人類力量時獲得成功，一個人必須服從去履行由人制定的所有思想。如果有一個關於個人力量的設想，撒旦就如同「從天而降的閃電」，這個不良的或肉體的心靈在地球來回穿梭。鑄造出這些惡魔的人格是耶穌工作的很大

一部分，那些追隨重生祂的人也會遇到相似的思想階段，也發覺驅趕這些惡魔般的自私是很有必要的，那些人聲稱擁有力量但卻是個騙子或謊言之父。

　　沒有對精神力量、統治力和掌握力有一個清楚的認知，就沒有一個門徒能做出一項偉大的克服工作。沒有力量，一個人就很容易向自然的律法和認為的困難低頭。這種心理現象充滿了與聖靈不相和諧的想法。這些精神思想是軍團，想克服它們人必須武裝自己。耶穌說：「看。」這意味著我們應該加快自身的洞察力和能力來在美好和邪惡之間做出抉擇。「那你們為什麼判斷自己是對的呢？」這種精神智慧是人運用了自身無所不知和能識別所有事物的精神力量，如果他聽從祂神聖的指導，那麼他就不會害怕犯錯了。「你們必須了解真理，真理就會給予你們自由。」但人在釋放他的自由以前，他是不可能獲得自由的。耶穌說「我是來自於上天的」，釋放自由和超越凡人想法的心靈論是每一個人的特權。然後就不必害怕去發展自己的力量和統治權了。它們不會在其他人身上發揮作用，只會在你自己身上。「他統治著自己的精神，這比統治一個城市更有魄力。」亞歷山呼喊著因為沒有更多的世界可以讓他征服了，這是因為他沒有征服自己的食慾，三十三歲就死於酗酒了。今天的人類正努力透過金錢、立法和人為的政府而獲得權力，卻因為沒有管好自

己而日益墮落。

耶穌說「我的王國並不是這個世界」，然而祂卻在這世界上建造了一個比任何王國都強大的王國。一開始，祂的王國僅僅是一層很矮小的樓房，自以為聰明和強大的人嗤笑祂幻想成為一個國王。然而祂是一個注重細節的國王。祂的子民慢慢地適應祂為這個王國所頒布的法令，生活中的每一步，人們也開始理解祂的法令至關重要的完整性，人們也預見到要是沒有他制定的黃金法則，人們就沒有永遠的和平和文明的發展，而這法則也被很多國家採納並運用在商業和其他人際關係上。商人傳授著耶穌的教訓，「一切都是如此，人們怎樣對待你，你就應該怎樣對待他人」，這成為了商業成功的基礎祕訣。無論到哪裡我們都能聽到人們採取合作而不是競爭。商業的預測專家們辨別著新的一天的到來，如何提供更好的服務而不是謀求更大的利潤是他們的目標。這裡我們看到救世主的帶來的就是「這個夜晚裡的盜賊」。對這個夜晚的無知和破壞性的競爭被燒掉了。

由此可見，每一種人類工業都必須由神聖律法所承認的力量去推進。人類在行動上就是上帝的力量。對於人類，上帝賦予宇宙間最高的力量，思想中意識的力量。宇宙間富有創造性的力量促使著人類識別自己思想中的創造性力量。這種力量是多元的，它所有的貢獻受制於人的統治力。當祂和

神聖的法則合作時，人類盤踞在寶座上的權威和元素的力量都受制於祂。

但統治天堂之國的力量和權威依賴於人統治地球的權威和規則。耶穌對彼得說：「無論你在這地球上想繫結誰，都要受制於天堂；在地球上你想鬆綁誰，在天堂裡你也應該鬆綁誰。」如果人類捆綁或控制在人體內（地球上）的慾望、激情和情緒，那麼在其他宇宙間的領域，祂也建立了控制同樣阻力的能力和力量。當祂在靈魂和肉體間得到了內在特質的自由表達時，祂擴充套件力量便能使宇宙間的元素得到釋放和在天堂和地球、精神和物質領域恢復平衡。

當有足夠多的人獲得這種力量時，「新的天堂和新的人間」（第 21 章中起始所描述的）就會出現。並不需要所有人都等到圓滿的勝利，有 144,000 神祕的人來統治這個新的世界，每個人戰勝律法便能和耶穌一起擁有能量。在《聖經》裡寫道，這是不應該由於選擇而受到忽視的：「他獲勝了就必須承受一些東西」。為了獲得勝利並能與耶穌同坐在祂的寶座上，人就必須去克服耶穌克服了的東西。耶穌戰勝了這世界、肉體和魔鬼。為了戰勝這世界，人必須排除所有富與貴的誘惑。為了戰勝肉體，人必須使人的五感精神化，使物質意識和精神意識裡的感覺、味覺、視覺、聽覺和嗅覺變得同樣重要。這種變化最終將使人得到對肉體的完全控制，從

死亡中得到最後的救贖。

　　魔鬼是一種那些享有自由去形成他獨特擁有的一個意識階段的個人自我。當人完全活在他由個性建立起來的意識時，他便受到肉體心靈的統治，這是人的對手或撒旦。在神祕的十字架下，隱藏著克服撒旦的困難。耶穌遭受的苦難是在人救贖的意識中存在的橫跨於肉體思想（撒旦）的象徵性表達。基督並沒有死在十字架上，耶穌的身體也沒有被摧毀。這「魔鬼」使耶穌放棄祂最後的呼吸是必死的思想。這是個人、凡人的意識在起哀鳴著，「我的神，我的神，為什麼離棄我？」（上帝應該拼寫成小 g）神的個人概念並沒有拯救到祂的崇拜者。

　　當「我是」擁有身分時，這是個人，這對它個人事務影響多大以至於它忽視了上帝，「我是」控制著人的身體和統治身體功能的規則。當這種規則被救世主或絕對主義的力量打破時，便出現了一個十字架。這就像是耶穌被釘死在十字架上，但這只是表象。死亡降臨到猶大的意識裡，就像「有一個魔鬼」（A.V.），但身體卻被緊緊和這種侵占思想綁在一起，彷彿經歷苦難和顯而易見的死亡。但這只不過是表象，因為有更高的原則，救世主重新喚醒身體並將其轉化成更高的精神物質，那裡它進入了和諧或天堂。人的權力和統治力的高潮在重生時得以展現並提升了和耶穌不同類型的人。

# 第七章
## 在再生時的想像力工作

　　當思維的能力能夠理解這三重關係（精神、靈魂、肉體）時，就會發現每一種形式和形狀都源於想像力。透過想像力，無形的東西變成有形。所以，很容易明白藝術家腦海裡看到的每一幅圖畫都像他穿著的帆布。上帝以祂的形象和樣式造人。而人類，在祂的年輪裡，不斷地向祂的思想、身體和世界製造和傳達形成和概括了祂全部特點的生活思想。這些想像是在大腦的前端形成的，並附有由身體中心產生的物質和生命。

　　非常聰慧的人，把他們思想的注意力集中到頭部，不能和物質、生活和身體中愛的中心形成連繫，他們的工作儘管取得輝煌的成就但卻缺乏了我們所說的「靈魂」。這種思想的創造物通常存貨的時間不長。思想形成或它的物質是平衡的，那麼計畫的思想就能永久持續下去。耶穌是一個徹底熟悉這條規律的人，祂創造的思想能在那些與祂信任和精神理解的思想形成聯盟的人的思維裡存活和發展。祂說：「天堂和地獄可能會逝去，但我的話語是不會消失的。」

　　在眾多的門徒中，巴多羅買代表的是想像力。在約翰的第一章中，他被稱為納旦尼爾。它記載了耶穌看到他在一棵無花果的樹下 —— 推理是耶穌在看到拿但業之前就知道他的存在。這暗示了人類的想像力和實物被投射到思維的成像室並透過給予他們能理解他們和外在實物關係的注意力。心

靈的讀者、預測者和夢想家已經在不同程度上開發出這種能力。如果意識先於靈魂完成的話，就會存在困惑，因為缺少了對思維行動基本規律的理解。形式是思想的表現。一個人如果理解了這點就能解釋和展現他夢想和幻想的符號，但如果缺乏了對這條規律的理解會使人缺失心靈的力量。約瑟夫能成為一名翻譯，是因為他找到了一個創造性思維作為指導。當法老告訴他關於肥母牛和精益母牛的夢想時，約瑟回答法老說，「這不在於我，上帝將會給予法老一個和平的回答。」他理解形而上學的法律，早些的基督教門徒已經理解了這條律法。與之相同的律法今天已經存在，透過我們的運用將變得更有效率，耶穌轉世了的追隨者，因為思想和行為模式變得更容易理解了。

真理的聖靈進入了圖像畫面的形成室，這很好理解，這會為相信無所不在的思想的所有人做出一個明確的指導。每個人都幻想，但絕大多數人不會嘗試在思維的牆壁上解釋這樣的筆跡，或者他們僅僅是隨隨便便地幻想著，因為這些圖像並不會成真，認真地思考他們是多麼地可笑。由於忽視想像力作用這條規律，人把想像力看作一個笑柄。我們把虛構的東西看作是微不足道的，然而我們知道透過想像力我們能在體內產生出美妙的變化。研究這條律法，我們會發現靈魂和肉體這一章是由想像力和其相關能力決定的。保羅指出這

種想像力的能量並寫道：

但我們所有人，在上帝榮譽的鏡子中裸露著臉並注視著，也被從榮耀到榮耀轉變成相同的對映，甚至是來自上帝的精神。

有很多關於耶穌用來傳授精神理解祂的門徒和其他早期的基督徒方式的猜測上，那些人都是非常璀璨的。十二個門徒都擁有個人指令，這是真的，但這明顯僅僅是預備的；徹底的訓練緊跟而來。耶穌承諾說真理的精神會以祂的名義變成導師和教練。祂沒有說如何將精神引導和教導那些信任祂的人；我們從他們被介紹新學校的生活的經驗中得出這結論。

透過直接的靈感是可能傳授真理的，但這要求一個學生擁有高於一般水準的思想發展，而且耶穌尋找生活中每一步的轉換。所以我們發現了簡單和普遍的理解願景和夢想的方法，想像力的工作被門徒指示和叫早一起當作一個重要的方式。事實上，早些年的教堂的大部分工作都是透過這種方法開展起來的。

掃羅被轉化為一個視覺。耶穌親自顯現在他面前和斥責他迫害基督徒，並告訴他，他有一樣工作讓他去做並為他未來的發展指明方向。

和他（掃羅）起行。它經過他時，畫了大馬士革：突然有一道光照射在他天堂的四周：他倒在了地上，還聽到一個聲音對他說，掃羅、掃羅，你為什麼逼迫我？他說，上帝，祢是誰啊？祂說，我就是你所逼迫的耶穌；但上天，並進入城市，它會告訴你應該做什麼。和與他同行的人站在那裡說不出話來，聽到這種聲音，但卻沒看見人。掃羅從地上起來；他張開眼睛卻沒看到什麼；他們引著他的手，領他進了大馬色。他三天看不見東西，不能吃也不能喝。

　　那些尋找聖靈為指導的人發現它的指令給予了那些相信基督的人，他們經常由內心的聲音，或者一個夢想，或透過視覺而聚集到一起。掃羅，在看到了光芒萬丈的精神領域後，需要恢復他的視力。這亮度，或高效能，耶穌的榮耀的存在已經困惑他的知識的意識，也導致了他的失明。他需要那些理解內心生活的人需要的和諧和和平給予的力量，這發現在名叫亞拿尼亞門徒的身上。耶和華想像著對亞拿尼亞說：

　　起來，去那條較筆直的街上，在猶大的家裡找一個叫掃羅的人，大多數其中的一個：因為注視，他祈禱著；他有見過一個名叫亞拿尼亞的人進來，便把手按在他身上，這樣他可能恢復視力。但亞拿尼亞回答說，上帝啊，我聽說了很多關於這個人的事情，他在耶路撒冷對你的聖徒做了很多的壞

事：他從祭司長那裡得到了捆綁你名字請求的權威。但上帝
對他說，一直走，因為他是我選擇的一艘船，在異教徒、國
王和以色列子民面前蒙受我的名字：因為我要告訴他利用我
的名字要付出多大代價。亞拿尼亞離開了，進入了房子；把
手放在他上面說，兄弟掃羅、耶和華，甚至耶穌，那些出現
在你路上的人，已經向我傳達，你可以看見的聖靈。他立即
從他眼睛那掉下來，像天平一樣，然後他恢復視力；他起身
受洗；吃了食物而變得更強大。

對於掃羅來說，伴隨轉化成後者，耶和華的出現被認為
是《聖經》裡一大奇蹟，但亞拿尼亞的經歷卻很少提及。然
而，這篇文章告訴我們耶和華出現在亞拿尼亞面前並和他交
談，就像祂出現並和掃羅交談一樣，除了參與者的精神態度
之外，事件裡真實的人物一樣並沒有明顯的不同。掃羅是敵
對的和充滿攻擊性的。亞拿尼亞被接受和服從；他無疑已經
多次受到這種指導。從文字中我們容易辨別他精神上的和
諧。他知道掃羅的名聲並拒絕與他會面，但耶和華向他解釋
了情況，亞拿尼亞最後聽從了。

今天，耶穌的門徒，那些順從、接受和信任統治力量和
聖靈存在的人到處都收到幻想和夢想。他們聚集在一起並幫
助別人度過生活中困境。任何一個人類以前的歷史階段都不
像現在那樣那麼需要精神的指導，這種需要被耶穌及祂在文

藝復興前期的援助和指導的方法下得到滿足。

　　精神透過一種通用的語言來傳播它的思想。並不是用一般的語言說的話和句子解釋，這種思想是以它原始的特點形成和呈現的。這種情報轉化系統被稱為象徵意義。它是唯一通用並且正確的思想交流的方式。例如，如果一個人想講述他看到的一個過程，可能在心裡想像它，其他人就可以看到它，這比描述性語言的交流完整多了！思想制定成每一個想法出現的思想的想像，然後嘗試著用語言表達它，但這總是不夠的。法國人說：「言語是用來隱藏想法的。」早期耶穌的門徒得知符號代表的想法而不僅僅是事物，所以現代的門徒，遵循同樣的指令，不應該允許智慧來實現他們的夢想和願景；或許他們會疑惑，像彼得一樣，但隨後的事件會帶給他們更為清楚的理解。

　　在第 10 章的表述中，我們知道：

　　彼得去屋頂禱告，大約到第六個小時的時候，他餓了，並想吃東西：但當他們準備時，他陷入一種恍惚的狀態；他看見天堂開啟了，有一艘船在下行，就像一塊大布，由地上的四個角牽引著降速下行：因為在地球和鳥類的天堂那裡有各式各樣的四足昆蟲和爬行的動物。向他傳來一種聲音，起來。彼得；把牠們殺來吃吧。但彼得說，不要這樣，上帝；因為我從來沒有吃過常見但不潔淨的東西。一種聲音在他耳

邊再次響起，上帝清潔過的，是你不常見的。這樣已經做了三次：直通的船也被接到天堂了。

現在彼得很困惑他自己看到的、可能意味著什麼的東西，看呀，由科尼利厄斯送來的人，諮詢著關於西蒙的房子，站在門前，呼喚並問西蒙，那個姓彼得的人，是不是住在這裡。在彼得還想著那異象時，聖靈向他說，看呀，有三個人來找你。

彼得還受猶太人的教導說，沒有任何東西能拯救他的信仰，目標是打破如此狹隘的束縛和告訴他耶穌的福音是給所有人的。看見他時，上帝已經指示科尼利厄斯 —— 一個羅馬士兵，他應該送幾個傭人給約帕和用彼得換取撒利亞。

一些肉食的支持者對彼得願景的字面解釋存在著誤解，認為上帝命令他去殺害和使用「這地球和鳥的天堂裡所有種類的四腳的野獸和爬行的東西」，而上帝淨化他們並為人類準備好食物。如果這種願景只在文字上採取行動，那麼我們應該食用所有的四腳動物，包括臭鼬，所有的爬行動物，還有天上所有的鳥類，包括禿鷹。然而，我們知道採取的願景是在於其象徵意義。彼得平衡和協調在他內心所有的思想意識的分離，所有不清潔、雜質、狹隘和自私，還有帶來多樣性和分離的思想。

我們把自己綁在潛意識的籠子裡，所有的傾向和野性的動物裡。在再生時，這些被提出來，一個偉大的和解也發生了。我們發現幾乎沒有什麼東西是乾淨的，除了人類的意識，在最初聖靈創意性的理想化中，一切都是美好的和神聖化的，甚至於都被認為是「非常好」。但上帝並沒有告訴人類他們可以吃任何東西，因為它們在那地方好好的。

　　上帝說，看呀，我給你每一顆能長出草的種子，這要視乎泥土的表面，每一棵樹，這是由一個樹的的種子結出的果實；對你來說就是食物。

　　當人類輪迴再生並高舉起田地裡的野獸的時候，他將執行這項禁令去給最初的亞當，以及將他們命名為「好」。

　　人類的身體代表著這世界上動物的總和，因為在它演化的過程中，它已經經歷了幾乎每一種類型的基本方式。這些記憶是靈魂的一部分，因為頑固不化，它們來到表面時是零零碎碎的。有時，整個國家似乎從文明時期恢復到野蠻時期但卻找不到明顯的原因，但這常常是存在原因的。這些發生的原因是心靈遭受暴力的痛苦的結果，或注意力集中，排除其他一切，是神法失去和諧的思想痕跡。在上升的路上，當靈魂已準備好進入下一步時，一個偉大的改變將會發生，正如再生一樣。但耶穌對尼哥底母說時，祂說到這：「你們必須重新誕生。」在它的某一個階段，新生就是復活。人類

看到他們就像是他們自己的一部分。在他的「雜誌」裡，喬治・福克斯，精神思想的桂格，說：

我承受著巨大的誘惑，有時候我內心的痛苦是沉重的；但是我發現無法開啟我的困境，但唯獨耶和華，那個我向他日夜哭泣的人。我回到諾丁漢郡，在那裡，耶穌告訴我本性這些東西是沒有害的，即便是在惡人的心靈和頭腦裡。狗、豬、毒蛇、所多瑪和埃及法老、凱恩、以實瑪利、掃羅等的本質，這些是我看到的本質，儘管人們一直希望沒有，但我哀求耶和華說，「為什麼我應該這樣，看到我從未沉溺於實施那些邪惡嗎？」上帝回答說，「我有必要明白所有條件的意義，那我該怎麼說所有的條件呢？」

在這我看到了上帝無限的愛。我也看到，有一個黑暗和死亡的海洋；但是有一個充滿陽光和愛的無限的海洋，這曾經流過黑暗的海洋。在這我也看到了上帝無限的愛，我敞開心扉。當我在曼斯費爾德鎮上的尖頂房子邊走過時，上帝對我說，「摧殘人的必定是你的食物。」耶和華對我說，人們和教授們踐踏生命，甚至基督的生命也被踐踏了；他們用語言充實自己，用語言充實他人；但被踐踏在腳下的是上帝之子的血液，是我生命的血液；他們活在他們談及他時的虛構裡。一開始我覺得很奇怪，我應該遭受那些高階教授的踐踏；但上帝用他無限的精神和力量向我開啟他。

在再生時，人類發現他靈魂的部分被叫做自然的人，在外部世界，動物習性相對應的動物。在頭腦的圖片中，這些形成了像獅子、馬、牛、狗、貓、蛇、和空中的飛鳥。約瑟的異象，丹尼爾，約翰，和其他《聖經》先知是這種特點的。當人明白這些動物代表的是思想時，並在潛意識裡運作，他是許多身體條件的關鍵原因。這使他明白老先知使用符號來表達思想，為了明白原始的意思，他想重述這些符號就必須聊著它們各自代表什麼。

　　根據《創世紀》裡提到，原始的創造是理想化的，經過人的努力，這種理想化賦予特點和形式。亞當給田地裡所有的野獸都賦予特點：「無論人叫的是哪種生物，這就是牠的名字。」精神上的智慧發現，當男人完全救贖，他贖回和淨化自己抬起動物。當種族被救贖時，動物世界將經歷一個完整的轉換。像以賽亞說，「豺狼與羊羔能一同餵養，獅子像牛一樣吃草。」有人甚至說，有一千年不需要動物；在現實中，是人類家庭消散的力量和當這些力量終於聚集到原始的主觀的源泉上，將不會有更多的動物客觀存在；用這種方法人可以極大地加強，某種連繫會存在於所謂的物質和精神之間。

# 第八章

## 理解力

　　參考字典顯示了單字智慧、理解力、知識和智力，與他們的定義在一個最令人困惑的方式重疊息息相關。這些單字在意思上有所不同，但不同的作者在思維和它能力上以直接不同於其他作者定義的角度給出了不同的定義。在形而上學的科目上有兩個不同的流派，他們的定義可能會混淆學生，除非他知道這個作家屬於哪個派別。第一類是那些從知識角度處理思想和它能力的人，其中可能提到康德、黑格爾、軋機、叔本華和威廉爵士漢密爾頓。其他的流派包括那些能識別精神和靈魂是腦海決定性因素的所有大公司的宗教作家。字典的編譯器已經向前一個級別諮詢了他們的定義，我們因此擁有不充分的詞彙去表達思維中更深的東西。甚至那些以第二等級信任基督的形而上學者們對兩大思維領域並沒有很清楚的理解；首先，這其中有純淨的思想和純邏輯規則；其次，在這思想和行動思想的領域關心其中理由和在外部世界想法的關係。直到上個世紀大量的基督教門徒才了解到耶穌教授的是一門形而上學的科學。

　　詩人是天生的神祕主義者和形而上學者，和在他們的作品中我們找到最安全的名稱的定義，用來表示思想行為。使人們總能在智慧和理解力之間找到恰當的區別。坦尼森說，「知識來了，但智慧還在徘徊。」精神的識別總是位於有高於其他思維能力的位置並揭示知識和智慧是輔助於理解的。知

識理解在靈魂發展中處於首位，然後有一個更深的原則理解跟隨著，直到整個人類成熟為智慧。

那夕陽的生命給予我神祕的傳說，山雨欲來風滿樓。

希伯來先知的著作是原始靈感的良好示範，那是智慧。所羅門因他的智慧而聞名。耶和華出現在他的夢中並對他說：「你願我賜你什麼。」所羅門說：「給你僕人因此一個諒解的心可以判斷你的人們，我可以識別出美好與罪惡。」所羅門因此很高興。因為他要求的是智慧而不是財富和榮譽，上帝說：

看呀，我就照著你的話做；瞧，我給你一個聰慧和一顆理解的心……我也給你你所不要求的，有財富和榮譽……所羅門醒了，不料是只是一個夢。

這件事發生後有兩個都聲稱她是孩子母親的婦女出現在所羅門的面前，去爭論她們兩個之間誰才是孩子真正的母親。

國王說，給我一把劍……國王又說，把這活著的孩子分成兩半，一半給這一個，另一半給兩外一個。孩子的母親對國王說，基於她渴望兒子的心，她說，哦，我的主啊，給她活著的孩子，絕不能殺死他。但另外一個說，這可能是我也可能不是我的孩子，分開他吧。然後國王回答說，給她活著

的孩子，不能殺死他：她才是孩子的母親。所有以色列人聽到國王的判決都都害怕國王：因為他們在他身上看見上帝的智慧，主張正義。

　　上述是典型的直觀了解的例子，而不是拘泥於通常的採取證詞和各種由證人提供來證明案件的方法，所羅門直達內心並且很快知道真相。沒有再多通俗的證詞能引起愛的再一次發生。

　　雖然有時很難在純粹直覺和快速的智力理解力上做出決策，但基於情感自然的存在，決定通常都是正確的。

　　偉大的哲學家在每個時代都作證一個超級思想品格的活動，他們都擁有各式各樣的名字。蘇格拉底也有。他稱之為他的守護程序。柏拉圖命名為純粹理性。耶穌稱之為天堂的王國。

　　一篇由 M. K. Wisehart 寫的文章，並出版在美國雜誌 1930 年 6 月版，命名為「密切關注世界的最偉大的思想家」，阿爾伯特‧愛因斯坦教授引用的一句話說：

　　「每個人都知道他已經在他的工作上全力以赴並已最大限度完成，當他可以熟練地令他直觀地完成他的工作。有些事情我們變得很熟悉了，但我們卻不知道我們是怎樣知道他們。所以在我看來，在原則問題上。當我們不太在意如何做

以及為什麼我們要做的時候，或許我們生活得更好、做得更好。」

在他的人物作品中，他談到最多的是直覺，讓我理解依靠直覺的工作能力是獲取生活中每一步的一種途徑。這是由於長時間的努力、反射、應用、失敗和再一次嘗試的結果。到最後，人了解東西卻不知道如何了解他們！然後，我知道教授的意思是說，在人以這種徹底，本能的方式了解一樣東西前，他並不曉得任何東西。

「人們經常問愛因斯坦教授，他作為一個科學家是否信奉上帝。他通常說：「我不相信一個惡意或任意干涉人類的個人事務的上帝。我的信仰由對一個巨大的力量卑微的欽佩組成的，它透過小宇宙的一部分表現自己，像我們的貧窮，微弱的思想可以把握！」

在一個討論中，當教授受到他自己的正確思想或其中正確的東西影響時，他會突然大聲說：「是，是這樣的！這就是這樣的！這一定是這樣！我堅信上帝沒有令他有任何不同！」對他來說，上帝有效地作為一個科學的論點。

在某段時間，經過長時間集中在一個單一的問題上（持續了將近四十年），這位教授的身體遭受崩潰。除此之外，胃還有嚴重的問題。一個著名的專家說：「你不能離開床！

在未來很長一段時間內你不能依靠你的腳。」

「這會是上帝嗎？」這位教授馬上思考。「我想不是！」上帝的聲音是來自我們自己體內。在我身體內部告訴我，我必須每天起床至少一次。我必須去彈琴！休息的時候我可以待在床上！這就是我準備接受的上帝的意志！

「聽從這上帝的意志，如愛因斯坦所述的，那個專家很滿足。每天那個教授起床，把他的浴袍穿在他晚上的襯衫外面，就去演奏鋼琴了。」

「我問許多引出他經驗教訓的問題，這將會是我們人生中最受用的。我知道他了解的並不多。在一定年紀的廣泛閱讀後，他說，從他的創造性的追求中轉移思維。一個人廣泛閱讀但卻很少動用頭腦的將很難形成思考的習慣，就像人花太多時間在電影院就容易滿足於由別人代理他的生活而不是自己過自己的生活。」

「我只有兩條我視為行為指導的原則。第一條是：沒有規則。第二條是：不要依賴別人的想法。」

所以我們發現有人的理解能力超越他的智慧知識。幾乎每個人都在某些時候觸碰這隱藏的智慧和已經或多或少地驚訝於它的啟示。這的確是一最驚人的體驗，當我們發現自己在準備和思考的情況下，說出富有邏輯思維的思想和言語，

因為我們幾乎總是透過推理過程才能得出我們的結論。然而，推理過程常常是如此迅速以至於我們可能會認為它是真正的靈感，尤其是當我們收到反映其他明智的想法或聖靈的洗禮的出現時。這種加速的智力是施洗的約翰或知識照亮理想的覺醒和基督的理解。一些學生變得如此傾心於真理的啟示以至於他們透過頭腦卻無法繼續擴充套件「聖靈和火」的洗禮。《舊約》的作家對第一、第二的開放的思想精神真理有一定理解；以賽亞說：

一個聲音響起，你們就在去往耶和華的道路的曠野上準備；在沙漠的高速公路上為我們的上帝讓一條路。

以利亞擁有智慧的照亮，以色列人被教導說他會以彌賽亞的先驅再來，耶穌說，以利亞以約翰的身分再來。

我告訴你們以利亞已經來了，但人們卻不認識他……然後理解門徒並吩咐他們約翰是施洗者。

以色列人的歷史是人的靈魂和身體的發展的縮影。當我們了解心理學的不同場景時，我們知道在精神的意義上我們已經通過或將通過旅程的不同場景。

對真理的智慧理解，正如第一種洗禮，是意識感進步的重要一步，它的擁有帶來運用自私心的誘惑和已經發掘的智慧和力量的結束。當耶穌收到這洗禮時，導致了祂精神擴散

到曠野上並受到魔鬼（個人自我）的試探，在他可能需要神的兒子的第二意識時。

但耶穌知道個人的照亮並不是律法的圓滿，祂拒絕把祂的理解用到私心的任何誘惑。

除非是非常溫順的弟子才會發現凡人的自我強烈主張其對應用精神力量到他個人需求中的訴求。貪欲之神被人深深隱藏起來並接受精神的洗禮，很多被激發出來，但他們的結局都是演變成塵土和爐灰。沒有人能侍奉兩個主人；正如一個人不能同時侍奉上帝和財神。

當我們發現自己處在一個流派的思想，似乎一直是單獨演化的推理過程時，我們常常困惑它的起源和它作為指導的安全性。剛開始的時候這看似奇怪的知識來源往往是一個偏離正路的遐想；似乎又一個遙遠的聲音，一個能喚起我們聽說過的或遺忘的事情。一個人應該注意這個不尋常的，通常在人體中竊竊私語的微弱的精神。這不是智力，它也不是起源於頭骨。它是人的一個更大的能力，能了解自己和理解創造目的能力的發展。對於預言家、法律創造者和先知，《聖經》提供了許多例子去覺醒這個大腦的中心。它是心臟委派而來的。過程的本質是能不解釋的；一個人處於虔誠的擴充套件階段不需要知道所有的複雜的精神運動去為了得到上帝的旨意。當任何人將自己完整地獻給上帝時，這已足夠讓人

了解到這種對頭和心開放的理解。

頭部和心臟的這種關係被解釋成約翰生命中的洗禮和耶穌的關係。他們是堂兄弟；頭部的理解力和心臟的智慧有著緊密的連繫。它們都接受著精神的洗禮，約翰在耶穌面前並洗禮祂。在這裡精神照明的自認秩序被解釋了。人首先得到了對真理的知識理解並把它傳送到他的心裡，在那裡愛被喚醒了。上帝透露他說，愛的能力是人的能量中最為偉大的，伴隨著內心理解能力上升，腦部知識必定減少。

然而，在重生的過程中，我們應該記住沒有任何能力能被消除。在耶穌的眾多門徒中，多馬代表頭部，代表理性和知識知覺。耶穌沒有忽視多馬對祂身分的物質需求，而是尊重它。祂透過存在過身體復活的相關證據說服多馬；說祂是活著的，但不是在一個物質的或幽靈的身體，而是被釘在十字架上的相同軀體。

耶穌坦率地說，祂已經獲得體內控制生命的能力，並能令它站起來或躺下。我們可以用不同的方式解釋耶穌的死亡和復活，其中許多稀奇的、比喻的遠離實際生活的說法，事實上，在祂復活的點點滴滴中，有很多反映現實的歷史證據。

精神上的理解告訴我們，身體從死亡中復活是不局限於

耶穌的，是對於所有理解真相並像耶穌一樣運用它的人。祂擁有生命新活力的意識，這種意識對所有的向上帝活著的話語敞開思維和身體的人開啟大門，祂知道，這將提高生物體原子的振動，這種振動快於地球上思維瓦解的速度，從而拯救祂軀體的瓦解。

當耶穌告訴猶太人祂看見什麼的時候，他們說祂瘋了（「像是有一隻惡魔在祂體內」）。從凡人的觀點出發，一個傳授和實踐這種更高階的理解和人類關係的現實，運用到創造性的法律的做法是不理智的。

當耶穌宣告更高階理解的時候，「我實實在在地告訴你們，若有人遵守我的話，他將永遠看不見死亡。」他們拿起石頭投向祂。這種對真理話語力量的令人吃驚的宣稱，超越了人類所有的原因從死亡中把祂拯救過來，這種思想就像岩石一樣堅硬，遭到了物質思想的憎恨。

耶穌不讓這種有限的人類種族思想阻止祂從事精神方面的工作。祂知道真理之光出現在祂的意識，而祂不害怕去肯定它。祂去治療傷患並用他所看到的真理教授他們，不管希伯來語父親、亞伯拉罕、以撒和雅各的傳統。透過忠誠於真理和深信祂自己創造的關於真理的最高表述，祂讓燈光在祂的意識中照耀。基督的思想對祂說：「我是世界的光芒。」

精神的理解是以各種方式發展的；沒有兩個人能擁有完全相同的經歷。一個可能是掃羅，那個變得眩目的閃光的人，而另一個光變得輕柔和諧的。突然斷裂出來的光顯示出積存水庫的精神體驗的存在，這些經驗是從以前的生活獲得的。耶穌見掃羅擁有精神上的能力，並選擇正確的路徑，做對的事情；於是，祂帶了一些疼痛喚醒掃羅的真光，從而抑制他具有破壞性的熱情。「他選擇了我，並在外邦人、國王和以色列的子民前接受我的名字」。

　　在人的精神上的自然發展就像他的性格發展的其他屬性。「當他認為他自己是這樣的，他就是這樣」這是法律的一個宣告，沒有例外。人類發展了動手做的能力。如果一個人沒有開始，那麼他將永遠不會前進。

　　在閒置的願望中傻傻地停留；有一個意志，然後智慧找到一個路徑。

　　沒有對精神意識的孜孜追求，任何人都不可能獲得它。第一步是詢問。「詢問，它將有所賜與你；尋找，你們就能尋見。叩門，它就會向你開啟。」禱告是詢問；尋求、敲門的一種形式。透過沉默冥想和對真理的肯定，然後讓你的頭腦接受更高的理解。為了理解精神上的東西的最真切的渴望就會開啟路徑和跟隨裡外的啟示。在 10:12 中丹尼爾寫道：

　　不要害怕，丹尼爾；因為從第一天開始，你就敞開心扉去理解，在上帝面前，你卑微自己，你的言語已蒙應允。我是因你的言語而來的。

　　丹尼爾在存在的普遍心理中貶低自己，從而開啟他的理解和使自己接受宇宙意識。在整個巴比倫王國中，在智慧和理解力上，丹尼爾和他的同伴要比所有本地的魔術師和預言家水準高。《聖經》說上帝給了丹尼爾的知識和在所有學習和智慧上的技能，並且「丹尼爾已經了解所有的異象和夢兆」。培養純潔的心靈和身體，你將像丹尼爾一樣為更高的想法開闢路徑。他「立志在他心裡說他不會玷汙自己與國王的秀美，也不會沉溺於酗酒；因此他要求王子的太監容許他不玷汙自己」。

　　精神的理解是在女性靈魂的領域發展的。這種發展記載於《行動》16:14的內容上：「某一個名叫呂底亞的婦人，是在推雅推喇城裡賣葡萄的，她敬拜上帝，聽到我們說：上帝向我們開啟心窗。」

　　推雅推喇意味著「燒香」；它代表了人對生命更高表達的強烈渴望。當這種內心的衝動與權力出現（賣葡萄的人），耶和華向我們開啟心扉並且我們能接收到來自天堂的訊息，像這些弟子對彼此說：「這不是在燃燒我們的心，雖然祂用這種方式對我們說話，但這是祂在為我們講解《聖經》的時候？」

智慧不在於知道很多事情，也不在於對它們了解有多麼透澈；但在於選擇和追隨指導我們某些持久的快樂和真正的榮耀。

—— 蘭道

駐紮於頭部的知識充滿了其他人的想法，而智慧在頭腦裡卻只專注於他們自己。

—— 考珀

她（知識）是世俗的思想，但智慧是靈魂的天堂。

—— 丁尼生

為我建造淨潔的的心靈，神啊，在我心中更新一種正確的精神。

—— 詩篇 51:10

智慧必入你心，知識將是你愉快地到達靈魂的路徑。

—— 箴言 2:10

但正義的道路是光明的曙光，這對完美的一天照耀得越來越多。

—— 箴言 4:18

一個寧靜的心是肉體的生命；而嫉妒是朽爛的骨頭。

—— 箴言 14:30

我的兒子，不要忘記我的法則；但讓你的心遵守我的誡命。

—— 箴言 3:1

信靠耶和華與所有你的心，不可倚靠在你自己的理解：在你一切所做的事上都要認定祂，祂就會指引你的路。

—— 箴言 3:5-6

快樂是人獲得智慧的途徑，這人便可以得出理解：為獲得更好的而不是獲得的銀，其中，這收益比精金要好。她比紅寶石更珍貴：對她而言，所有的事情都不能使你更渴望藝術。白天的長度是她右手的長度；在她的左手是財富和榮譽。她的道路充滿安樂，她所有的路徑都是平坦的。她是他們抓住的一棵生命之樹：快樂是每一個人為保留她的。耶和華用智慧建立了地球；透過了解祂建立了天堂。

—— 箴言 3:13-19

# 第九章

## 意志是人

　　我們的標題是引自古代形而上學的教學，它的起源在古代就散佚了。這個想法是，意志的發展有可能僅僅透過思維作為一個整體的發展，就像「人就是意志，意志就是人」。這個結論得出了，因為意志會移動到所有思維能力的行動上，這似乎就是整個過程。

　　然而，對各種進入行動因素的仔細分析揭示了其他同樣重要的人的屬性，而且我們不能完全承認「意志就是人」。當心靈的和諧時，在所有行動中心的周圍，意志無疑是重點；但從大多數古代到現在時期，這規則已被許多哲學流派所接受，意志和理解力是緊密連繫的 ── 理解力理解我們所有的投機，意志是我們所有的活躍的權力。這種親密關係是在《聖經》裡象徵性地傳授著，這是它吸引人的原因，並且透過它的觀察證實了。

　　雅各，代表了我（我將成為我要成為的人），有十二個兒子，其中一個是約瑟夫 ──「夢想家」。約瑟夫代表想像，所有的形式和形狀都被帶進表現。在思維的發展中，某些能力得以突出。在他們種族的繁衍下，其他被儲蓄下來的能力得以表現出來。當休息的時間到來時，經文背誦裡說某一個人「死後，依舊充滿了日子」。伴隨人類繼續壯大，有時會有一種朝著意識表面的趨勢，或者現象，在原始行動的源泉中興趣逐漸消逝。這種現象的創造階段是如此有趣以致

有時會使人變得困惑究竟沉溺在其研究中還是它的快樂裡，最初原因可能被忽略甚至達到遺忘的地步。由想像力（約瑟夫）控制的創造性活動停止了並被描述為這些語句：「約瑟死了，正好一百一十歲。人們用香料把他薰了，放在棺材裡，安放在埃及。」這意味著形而上學，當想像力在生命的年輪中作為沉睡了的創造效能量圓滿地完成它的任務，但是存在黑暗的領域（埃及）。

約瑟的號碼是十一。他是第十一個兒子，當他停止工作和安睡於 110 歲時，他的年紀代表著能力活動的完全施予；這密碼暗示了表達無窮無盡的能力。給出的數字通常是一個《聖經》人物的年齡，代表了在他演化過程中的主體地方。約瑟夫完成他的演化到第十一度以上。這個密碼意味著他有更多要去證明的地方。

耶穌的號碼是十二。祂在十二歲時得到智慧。

亞當在神性中排名第三（上帝，基督，男人）。根據《聖經》的年表，他活了 930 年。這個數字告訴我們，他是第三個在三一的，他擁有凡人的十二倍能力，但只展現了十二分之三。號碼的順序暗示了他展現的和諧性。在這個實例中是有順序而言的 —— 零表示未來的進步是不間斷的。

賽斯，是亞當「按照自己的模樣，並加以想像」而生的

兒子，代表了精神意識的覺醒。「然後人們開始呼喊耶和華的名字」。賽斯活了 912 年。在這裡，三一和十二個褶皺人的縮影，而且我們看到了賽斯的誕生，具有亞當的原始的特點，甚至是神的形象和樣式。三一被重複了三次，每次對應一個身分，分別是上帝，基督，男人；然後人的十二種能量被新增進去。重複一次的總數是 12 位數，聖人的數量證明了這個事實。

我們已經呼籲要關注形而上學對於這些《聖經》人物年代學的意義，來以更完整的方式說明這些能力的發展。人們將看到神的模樣被植入了，是人類發展中一系列個性。靈魂形成的過程好比照相底片的發展，圖片被印在敏感的板塊，但不能看到，直到它形成一個固定的發展程序。當亞當有靈性覺醒時，他覺察到了他神身分的真理，從而生了賽斯，富有精神的人原來的形象和樣式，印記在他創造性思維的語句中。至少在一段時間內，然後對耶和華的崇拜在人的整體意識中恢復。

隨著時間的流逝，我們發現約瑟的地方被兩個兒子帶走。「約瑟叫長子的名字為瑪拿西：因為，他說，神使我忘了一切的辛苦，和所有我父親的房子。叫次子的名字為以法蓮：因為卓有成效的神使我在受苦的地方繁榮昌盛。」這些兒子的母親是亞西納，波提非拉的女兒，埃及的祭司。波提

非拉的意思是「危險」。她象徵女性或自然的人愛的方面。從這個複雜的象徵中我們辨別出心靈的兩種的能力都表現出來了。最年長的兒子，瑪拿西，他擁有遺忘的能力，透過否認抹去，透過了解真相，所有累積的思想負擔，甚至與遺傳，「我父親的房子」。其他的兒子，以法蓮，也可能給予肯定，使似乎是一個苦難的地方變成富有成效的土地。約瑟夫的兩個兒子繼承了他在應許之地的分配，象徵著完美的身體。前面的大腦對這些領域的操作能力密切相關 —— 想像力，理解力，和意志力。當人的意志力高強度地工作時，他的額頭就會長皺紋，快速的理解力會導致他的眼睛散光。

當想像力是主觀和精神的，意志和理解是客觀和具有警報性的時候，我們擁有創造性的藝術家。然後理解力發展它最大限度的自由和創意。它不再局限於過去在文學、藝術、音樂、戲劇、科學、宗教方面的傳統，但發射到深層的探討，並提出了「無價珍珠」，原始創意天才和生活。然後能量透過其活動會使所有富有成果的靈感去喚醒人。

這兩個密切相關的精神力量在這場賽局中占主導地位，因為它們的實用性對於人的自由發展是必要的。如果想像力完全是在命令，它最終會遇到一個絢麗的白日夢或幻想的計畫但在無情的自然規律下，不一定能取得成功。正是這種「危險」（亞西納），思想認為並按順序提出意志力和理解

力。「人類最高尚和最優秀的東西是無形的，我們也必須警惕在保護任何高尚行為時賦予它的形狀。」歌德說。

人類是一個在擁有和使用意志力這種能力時的免費代理人。意志力的自由被不同的看待和定義。它是神學文學和宗教分裂的基石的主題。緣分理論緩解了人所有的責任。如果上帝固定每個人存在的行為，那麼就不會有精神或道德的自由。如果人不能決定自己行為的特點，他就不能擁有理解力和意志力 —— 他就是一個傀儡。

理解力和意志力應該特別地活躍在控制身體感覺的地方。波提乏的妻子代表意義的意識，也就是促使我們滿足其慾望，並且，如果我們拒絕它，它就把我們囚禁起來。這意味著，意識感覺的某個習慣是拒絕表達的，它做出的反應和有一段時間似乎防止我們的表達甚至是好的表達。但讓我們耐心地等待我們的時間；更高的意志力還要顯示其天賦的權力。

幾次去埃及為了玉米探訪約瑟的兄弟，最後的和解，是我們對生物體遮蔽的活力連繫象徵性的表示，最後，把我們所有的能力結合成它。

書卷可能是約瑟夫寫的。在他的歷史中，像在《創世紀》中，再生一些最有趣的過程是象徵性的。這個隱藏在潛

意識領域是在埃及，或是對我們大多數人算是模糊的國家。然而它是一個偉大的王國，它的國王是法老，是太陽的統治者，或「大腦」和神經中樞，它的生理學的名字是太陽叢。這是物理人的大腦，它指導循環、消化、同化，等等功能。學生的思維已經發現，太陽叢是透過統治腦部思想的器官，被帶進身體裡。他的「硬心」，不讓人進去，這就是人類的意志，透過腹腔神經叢和或太陽之城發生反應。

潛意識的精神生活（像是以色列的孩子在埃及）往往受到自己意志的反面阻撓而不能表達自己。如果理解決定什麼應該被確信為自然法則而被限制其表達，就將有進一步的束縛和更高難度的任務。任何困難，獨裁，或故意的精神狀態會使心變硬。這種心境徒透過腹腔神經叢（分發站為構建身體的力量），從而使其局限性貫穿整個系統。動脈硬化是由於頑固不化的思想，而這個硬度起源於意志力。耶和華代表著我在行動的律法。

這個模稜兩可的術語「動機」已經引起了很多在自由意志上的爭論。自由意志的勝利通常假設之前一個人的行為表現是受各種動機的影響的，其中沒有一個必然決定了他的行為。他們的對手，另一方面，認為不存在這種動機不明的選擇。一些人堅持自由意志應由或低或高的抉擇組成。其他的一些人把它定義為一個人去做或去選擇的權力。

　　根據一些學術形而上學者們，意志的自由包括一個人擁有行使違背他動機和偏好或傾向的權力，這種力量被限制在意志力裡。它是很容易看到，這個所謂「動機」的另一個名字是理解力，這也是一個必須補充的能力。但並不是所有人使用理解力作為動機和意志力的標題。不安分守己的心靈感覺到隱藏在動機背後的衝動，沒有思考因果便行動。這是明辨善惡的知識，但卻擱置了智慧之音 —— 亞當的罪，就是一個不發達的人。理解力可能是由基督思想照亮的，從而得到光以至於「就來到了這個世界，照亮每一個人」。沒有這種亮光，人可能幾乎在每個行動上都打破這條規律。理解力從意志力的分離已經導致在那些書寫和爭論人有必要擁有自有意志力的人，和那些因為罪惡而提出忽視意志力並主張徹底抹消意志力的人之間引起分歧。

　　我們不需要很少的意志力；但我們需要更多的理解力。耶穌（精神之光）向多馬展現（知識理解）傷口，無知造成了無辜者的身體受傷。耶穌的使徒代表了祂自己的思維能力。當祂呼喊他們時，他們是自然世界中無知和不守紀律的孩子。但創造性思維的形象和樣式依然在他們身上表現著，來約束他們的季度的智慧（精神的自我）。

　　隨著行政權力的思想，人類的意志力是精神決定的負極。這裡就是那些人從個人角度研究人類並且失敗猜想出他

的權力和責任。作為凡人，生活在物質世界中，他似乎受制於有限的能力和命運。哲學家們已經研究了在思想籠子裡的人和他們的結論，他比推理的動物好一點點。

但有一個更高的，更真實的猜想的人，這種猜想是由哲學的學術流派稱的純粹思辯性存在得出的。未能辨別他的精神來源，他們不能猜想他真正的特點。作為自然人的一種產品，意志力通常是一種具有破壞性的力量。為了在孩子面前獲得權威和服從孩子，幾乎所有我們訓練孩子的系統都是基於打破他們的意志力的。我們應該記住，行使自由意志的權力一開始就賦予我們人類，據《創世紀》，意志總是應該被賦予原來的權力和自由。

然而，這是可能的，對於人如此地辨別祂在聖靈中的意識，這種意識由思維中的每一個想法和行動運轉。耶穌獲得這種結合；當祂意識到他不願意代表個人但願意代表神聖時，祂：「這不是我的意願，我是按你說的做的。」

許多虔誠的基督徒試圖追隨耶穌的方式，他們曾經有被動地向上帝呈交他們的意志。但是這樣做，他們卻沒有從耶穌那獲得權力或權威。原因是他們沒有提高他們的意志到積極精神的程度。耶穌並沒有消極對待他任何的能力，和他沒有教予他們呈交的教條。他予了那些講解福音的人聖靈的能量和權威。在馬克福音 16:16-18 據記載，耶穌說：「信任並

接受上帝洗禮必然得救；如果不信任上帝是應該遭受譴責。
還有這些跡象陪伴他們並讓他們相信：在我名字的映照下，
他們可以驅趕惡魔；他們要講新的語言；若他們被蛇咬了，
或喝了什麼毒物，也不會損傷他們的智慧；他們用手按住傷
患處，就會痊癒。」我們必須相信更高的權力和沉浸於無處
不在的生命之水。如果我們對精神事物不給予信任，那麼我
們受到牢獄之災的譴責。

　　一些基督徒相信上帝對人的意志有所不同，祂是會改變
的，祂會懲罰那些不聽話和邪惡的人。上帝特點的這個觀點
是從舊約那裡得來的。耶和華是以色列人部落的上帝就好像
太陽神是非利士人的上帝一樣。耶和華，即摩西，完全不
同於父親，即耶穌，但他們精神上是相同的。「這不是你已
在天堂的父親的意志，即他們其中一些細小的應該消除」，
是耶穌的教義。他是上帝的意志的證人，說人類不應該受
苦 —— 透過上帝人類應該完全脫離罪惡，疾病，甚至死
亡。「上帝如此深愛這個世界，所以祂把獨生子賜給人類，
凡是相信祂的人會滅亡，反得永生。」罪惡、疾病、災難和
死亡這些人類經歷的並不是上帝對人類的懲罰；他們違背法
律的結果。法律是好的；當他們遵守律法時，人類得以擁有
快樂，滿足，和在永恆的和諧中生活。創造的過程不可能沒
有規則統治著創造。

任何人向祂表達控制的任何人格的意願，這個做法是錯誤的。個人根據個人的理解去行使意志，這是目光短淺的、自私的；因此允許某個人由其他指導和建議去引導，這樣是不安全的。指導你敞開你的意識任其無處不在的思想流入時，你就會見證到上帝的存在，無所不知的思想，然後確認你思想的統一，直到你知道並充分地意識到，透過許多途徑的智慧，是你應該做的。這一獲取神聖知識的途徑並不是一個即時的工作；它來自與病人和持久的精神學習、祈禱、冥想中。甚至耶穌，雖然祂有尊貴的理解力，但發現也必須要整夜禱告。所有找到和平以及上帝力量的人已經證實使用靈魂勝利禱告的必要性。

一個人不應該理智地把帶來的結果從一個人身上帶到另一個人身上。個人意志和普遍意志的區別，可以透過一個人履行在沉默中對思想的控制而得到展現。

肯定首當其衝，並被一種緊張的感覺跟隨著，好像樂隊被吸引在前方。當這種心態再下沉到潛意識時，神經就會變得緊張；如果這種行為持續的話，神經虛脫就會緊跟而來。

思想固執的、任性的和反抗的狀態充斥著整個生活流；它們被抽筋和擁塞跟隨著。意志力通常會強迫使用身體各種不同的、超越它們正常範圍的機能，這結果在緊張的神經、肌肉緊張、受損的視力和聽力受損方面可以被發現。不聽話

的小孩有耳痛，這顯示出任性對耳部神經的直接後果。聾的人應當被當作是自由任性和固執的。在目前的種族意識的狀態下，所有的人都是過度使用知識意志的。補救的辦法是每天放鬆、冥想和祈禱。

意志，是由人類行使的，是宇宙間偉大的行政力量的負極。承認這種靜默沉思開啟了意志力這個強大的力量流，移動原理和把這種能量移動到指揮身體的稱道融進無形領域的思想和控制元素。這就是通常的對意志力的理解，使耶穌能對風浪說，「平和點，就像往常一樣」。

生命，自由，和追求幸福是人不可剝奪的權利，它們不應受到干涉。催眠，催眠狀態和靈媒是把一種意志傳達給另一個人的基礎。那些渴望控制別人呈交意識和軀體給予他自己的想法和擁有直接力量話語的人。影響一個人提交這種做法總是受到削弱的，如果繼續下去的話，會發生一種精神否定，使他受害者的邪氣影響到數之不盡的人。

「不是我的意願，但只是你說你想做的」是耶穌影響最為深遠的主張之一，那些跟隨祂並謹記祂的話的人會發現偉大的和平和身心的放鬆。

耶穌，是強大的幫手，總是與那些認真尋求成為基督徒和堅守神聖法律的人一起。

# 第十章

## 靈性法則和秩序

馬太福音的第 23 章是對儀式主義的猛烈抨擊。耶穌在聖殿控告文士和法利賽人並指控他們一連串以宗教名義所犯下的罪行。對應精神法律犯罪的控告後，祂又發起了控告，並警告祂的門徒和群眾要小心這些盲目的人和盲目領導的工作。在其他指責中祂說：

是的，他們被重擔捆綁著，把他們放在人類的肩膀上……他們做的所有工作都被人看到了……他們……喜愛筵席上的主席位，這個位置是會堂裡的高尚位置……被人稱為拉比。但不是你們叫的拉比：有一個是你的老師，全部都是你的弟兄。地球上沒有你的父親，因為其中一個是你的父親，甚至他就在天堂裡。你們也不要叫師父，因為只有一位是你們的師父，那就是基督。在你們當中祂是最偉大的，也是你們的傭人。那些炫耀自己的必定是卑微的人，那些委屈自己的一定是高尚的人。但向你降臨苦難的，有文士、法利賽人和偽君子！因為你們關閉了天堂的王國不讓人進入；因為你們自己不得進入，受苦受難的人也不得進入。

向你降臨苦難的，有文士、法利賽人和偽君子！因為你們掌控著海洋和大地，讓他人改變宗教信仰；當他變得如此時，你們會讓他在地獄裡比你們遭受加倍的懲罰。

向你降臨苦難的，有文士、法利賽人和偽君子！除了對薄荷、茴香和小茴香的了解，你們已經離開了對法律、正

義、仁慈和信心的關注：但這些你們應該做的，不要留給別人來做。你們盲目的引導，會使小昆蟲筋疲力盡，會把駱駝吞噬掉。

向你降臨苦難的，有文士、法利賽人和偽君子！因為你們清潔的只是杯和盤的外部，但在它們內部充滿勒索和過剩物。你這瞎眼的法利賽人，先清洗杯和盤的裡面，再清洗外部。

向你降臨苦難的，有文士、法利賽人和偽君子！因為你們修造先知的墳墓，裝飾了正義之士的墳墓，並且說道，如果是在我們祖宗的日子裡，我們就不應該和他們同流著先知的血。

所有這些「困境」是對那些生活在文學中而不是處於法律的精神下的人而言的。但耶穌並沒有譴責宗教，也沒有譴責宗教組織。祂譴責的是那些自稱傳授和遵守法律，但在他們生活中卻拋之腦後的人。

就在這裡，然而，宗教導師應該在為宗教組織制定原則這問題上警惕。不要採取武斷信條，或宣告，讓那些加入你們的組織的人，作為一個管理規則的思想和行動的人。這些東西都是限制，因為一致愚蠢的堅持。並且他們經常阻止自由發展。你今天寫的信條可能不適合明天的觀點；因此，安

全、確切而適合所有人的宗教基礎應該由耶穌來帶領打造，「真理的聖靈……會引導你進入所有的真相」。一條宗教組織教義表述的提出是十分有必要的，但引人注目的條款應該被省略。

摩西的律法因為希伯來人的利益而被陷害，但是他們的祭司令它阻礙靈性的進步。耶穌是一個偶像破壞者，祂做到特殊的事去打破每個祭司已經演化的每個行動規則。例如，關於安息日，他們有 39 條禁令。這些幾乎都是瑣碎的事，比如準備好食物，騎著一頭野獸前來，引水，負重，去旅行；但是死亡是罪過的懲罰。在安息日任何形式的勞動都會被處以死刑。手裡搖晃著小麥被認為是勞動，所以當耶穌的門徒撿著麥片碎時，法利賽人對祂說：「看，為什麼他們在安息日做些不合法的事？」然後耶穌給予他們訓誡從他們狹隘的統治安息日的規則中走出並獲得自由；祂以「安息日是人設立的，而不是安息日設立了人」結束對話。

事實上，安息日作為一個機構是由人建立的。每七天工作後，上帝並不休息，也沒有證據表明宇宙間的活動曾靜止片刻。那些最為遲疑著遵守星期天的人，手頭上都有證據證明他們聲稱是勝利的，祂永久活動的一部分。

我們被告知，樹木、花朵、行星、太陽、恆星和恆星系統都是上帝的功勞；這是上帝支撐和支配、控制和指導它

們。然而樹木、花朵、行星、太陽和星星都是活躍在一個星期當中的第一天和第七天，其他日子也是一樣。

這似乎是適當的，如果上帝注定某一天是休息的，那一天讓祂自己休息，就像所說的那樣，應該為祂創作的東西留下一些證據；但祂沒有這樣做，只要有人知道。事實上，聖靈在一個永久的安息日休息了，這似乎在工作但又不是在工作。當人變得如此一個父親思想，像是有意識去感受它，祂也承認這永恆的和平，所有的事情都完成了。然後祂知道祂適應於任何條件，甚至祂是「上帝的安息日」。

在人類知道自己是誰和自己是什麼之前，人類永遠不能行使統治權，透過履行神聖的指令，感知從知識範疇被帶到外部，這種神聖的指令是思想、想法和表現。耶穌透過醫治病人，採集穀物，以及其他行為來恐嚇猶太人，這些在安息日對他們來說都是褻瀆神明的。猶太人製造這些神聖的日子和儀式，正如我們的清教徒的父輩們透過剛性的和荒謬的律法使生活有所重負來統治人們的宗教行為。幾個世紀以來，猶太人已經把他們自己繫結在宗教偏見的輪子上，並且清教徒在更短的時間內完成一項可能的任務。時間長度是唯一的區別。

但耶穌知道所有嚴格的教會規則都是人為的。「他自己知道人的本質」，並試圖矯正他們的錯誤中的那些愚昧的思

想。祂試圖讓他們明白，安息日是為人設立的，而不是安息日創造了人。在他們機械地統治著他們生活中的每一個行為的時候，甚至在宗教慶典上都傷害著他們自己。不僅因為是他們神聖的法律的主題，也因為是他們是絕對的奴隸。

這是耶穌的任務，去破壞這種多個世紀以來，盲目奴役形式和儀式的心理架構。摩西律法是過於僵化的，以至於令猶太人處於排斥所有的理由和常識的冰冷境地。耶穌看到這，祂故意踰越宗教禮儀的界線，為了更有效地向他們傳達舊的馬賽克天命是個盡頭。祂告訴他們，祂不是來打破法律的，但是來圓滿它的。祂說的是真正的神律，而不是他們的外部的犧牲、苦修、安息日儀式等規則。祂知道這些規則的信條 —— 純粹是敷衍了事；他們是在現實障礙中表達內心的精神生活。

人不能成長為精神的理解，也不服從它的領導，如果他是受到外部行動規則的阻礙。沒有人為的法律是足夠強大，或者足夠真切，或者足夠精確，能永久作為人的指南。

如果在你向光的路徑上，你已經固定了成就的一點，這點成就你認為是可以滿足你的，你限制了一個規定給自己 —— 你最終一定毀滅。沒有對神靜止的地方，也沒有對人靜止的地方。

如果教會追溯到摩西和舊的天命，而忽略了耶穌的教訓，那祂對你就沒有引導作用了。如果你想成為祂的弟子，你必須與祂的精神一致。

　　保羅，他主導在老方法上的效率信仰，有時會把這些信念載入到耶穌的自由主義的信條上，但是，沒有理由令你應該背負著他們。如果你要獨自站在一邊，那麼你永遠不會了解到你父親希望你成為的是什麼人，有了他，你就有了一個唯一的、原始的指南，就好像如果你是第一個而且是唯一一個人的時候，你會感到更加的孤單。當你從你的頭腦中刪除所有人類傳統和權威時，你可以聽從他的話，你這樣做過後，你會感覺他的話語在你的思緒從未如此響徹。

　　你沒有必要鄙視猶太人的《聖經》，印度教徒的《聖經》，或者是其他任何的人《聖經》，但是你要知道他們的本來面目 —— 關於人類受到無處不在的神的照亮的經歷的紀錄。正如耶穌對法利賽人說：「你們宣揚《聖經》，因為你們以為依靠它你們就可以擁有永遠的生命；和這些人目睹我的人；你們不來找我，你們也可能擁有生命。」從所有神聖的作品你可以得到許多驚人的、有用的和人類思想中關於上帝的功勞的提示。你應該珍惜所有用精神書寫的關於事實的純潔的話語，或許他們對於你來說並不權威，又或是你不應該隨便地受影響去做某事，因為這是書寫在《聖經》上並作為人類

的特別指導的一條上帝法則。

凡人透過各種儀式和控制，喜歡受到支配或打成一片，但神聖的人，特別是崇尚上帝的人，已經跨越這幼稚的限制並直接追隨神父的指示。

這是你的特權——像小鳥、綠樹和鮮花一樣無拘無束。「它們不勞作，也不紡線」，但總是能順服神的本質，還有，它們的每一天都是安息日。它們無所畏懼上帝的憤怒，儘管它們建造巢穴、伸展枝葉，或盛開花瓣，不管第一天還是第七天。所有的日子對於它們來說都是神聖的，它們居住在神靈無處不在的地方，總是做著上帝意志向它們傳達的事情。我們也有同樣責任去做。它們其中的本質就是意識，希望我們可以順從。當我們決心聽從天父的旨意和不惜任何代價遵循祂的意志做事，我們就可以擺脫了所有人造的法律束縛。我們的邊界——總是有些擔心侵犯神法——不小心就溜進虛無的大海中，我們坐在岸邊，總是讚美美好的東西，以至於我們從不害怕良心的指責或誤解神法的可能性。

但我們並不是不能和我們的兄弟爭吵關於遵守安息日的問題。如果他堅持應該在第七天朝拜救世主，我們應該在那天欣然地參與其中；如果他堅持第一天是神聖日，我們再次默許。我們不僅在第七天和第一天做好上帝的服務，如讚美、歌頌和感恩，而且是在每一天。我們的思想每一刻都應

向上帝敞開大門。也準備著承認祂在我們心中神聖的位置；這是一個與我們永久的禮拜天。我們不滿足於留出第七天不舉辦宗教儀式，但就像鳥兒、樹木、花朵，我們在時節內外都應享受一個快樂的感恩節。在我們工作和睡覺時，我們讚美無處不在的神靈，永遠在我們心中點燃愛的燭燈並永遠在我們面前保持這盞燈的光亮。

這是永遠承認並遵守上帝智慧的神聖日子。他不是在教堂或寺廟以任何形式由人撫養的，他是可以和神父交流的。他找到了真正的教會，在他自己的天堂裡。在那裡他面對面地碰到了神父；作為一個從遙遠的地方來的人，他並沒有和神父打招呼，而是透過一些先知或牧師交流他的願望，但他們每一個都視乎自己和神父處於親密的關係。

「上帝如此深愛這個世界，甚至將他唯一的獨生子賜予人類，凡相信他的人不會滅亡，反得永生。」這意思不是，一個把耶穌叫做拿撒勒的人，被作為一個特殊的勸解得以脫離世人的罪，或許，透過這個人，這是唯一能進入耶穌存在的路徑。它僅僅意味著上帝提供了一種方法，讓所有人從他們各自的靈魂中走到上帝意識存在的方法。這種方式是透過上帝的獨生子，耶穌展示的救世主的意識。這種意識是永遠存在於神父之子中，作為一顆心靈的種子撒在每一個人的心中並時刻準備著在我們的意志中生根發芽。上帝之子的本質

是生命、愛和神父的智慧；透過我們的兒子看出他明顯地是作為一個個體活著。他不能完全被殺死；他甚至在我們的中心生長著，像「光，照亮每一個來到世上的人」。

信任耶穌就應該用祂的方式來表達。這是世界上最簡單的東西。只是相信祂是神父唯一的獨生子。不要相信還有其他的兒子比祂聰明，比祂更富有領導力和理解力，只要知道祂確實是獨生子。

這種區別是你理解的關鍵點，一旦你理解它時，你到達神父住所的旅程就會很輕鬆。「沒有人崇拜神父，只是我。」唯一的兒子不斷在你心裡說，你不能忽視他的存在如果你想知道天堂之家的甜蜜，在那裡，上帝的愛永遠燃燒和平、富足和滿足地燃燒著。讓基督在你心中形成，這是保羅的警告。這不是一個誇張或抽象的概念，而是對於明確規則程序的稱述，透過接受神父之子的方式你可以發現和證實。他的方式是不是嚴屬的。他們僅僅是服從。

拿撒勒的耶穌發現這內心的火焰，讓它全部穿過祂的身體並燃燒起來。祂點亮自己，祂的存在每天都溫暖著那些罪惡生病的人。

沒有人能依靠反射存活下來。除非你先認你體內的神父的唯一兒子，否則你也不能存活一秒鐘。依靠拿撒勒的耶穌

的反射之光，你無法存活和成長。上帝唯一的獨生子一定會像他對耶穌做的那樣向你站出來。那麼你的生命將是永久的，肉體的爭鬥將會逐漸減少，直到永遠；然後將你的安息日透露給你。

由救世主耶穌做的救贖、恢復和再生工作並沒有被基督教形而上學者們忽視。然而，從凡人的罪惡中將人拯救過來的這一工作並不只是由耶穌完成的；這是透過救世主耶穌的力量向人類易腐敗的身軀提供潔淨的生命和物質。耶穌的身體被用作是一輛汽車經過一股新鮮、純潔的生活流，一種再生的物質被那些接受它們的人獲得。對救世主身體物質的救贖就像對他全部血液的救贖一樣的重要。同樣，這種救贖在生時才可以獲得，死後就不能了。耶穌的身體是從一般人易腐敗的肉體到神聖的人不敗之軀變質和改變過來的。當我們食用和吮吸祂的身體時，我們也希望自己的身體能像祂那麼完美。人類機體恢復到它原始的純潔的過程是神靈和精神治癒的基礎。身體的完整救贖過程並不能由一個化身所完成，但任何像生命或物質那樣接受救世主的人，像真理的聖靈教導那樣符合正義的生活，最後會和耶穌坐在寶座上統治疾病和死亡。

在思想的作用下，有一條精神和心理的法則在不斷成長，一個法則是令人從感官意識到精神意識而得到提高，或

埃及,或迦拿。摩西的意思是「抽出」,在《聖經》裡象徵代表著進步或拖引的過程,這過程是從內部發生作用的。應用於整個宇宙,全部事物這種上升趨勢在材料科學中成為演化定律。在我們的精神詮釋中,我們個人可以遵循這種運作的法則,因為透過這種方式我們可以學習其中的經驗。

透過給出提示的智慧使用,我們更高效益地把經驗應用到我們自己身上。

退化總是先於演化。這是思維透過物質的融入。約瑟在埃及下描繪了一個高度精神理想問題的演化。這一精神理念吸引了其他像它一樣的想法(約瑟的親戚),他們在埃及一帶大大增加。據猜想,以色列的子民從幾十個增加到至少兩百萬個。這說明了一個事實,當他們擁有一個真理作為核心時,精神思想將在意識內急遽發展。

然而這些真正的想法,卻大大增加了在埃及的奴隸(感覺自然),我們必須採取一些特殊的努力讓他們自由。我們擁有崇高的理想,但因為時間的生命似乎如此重要以至於那些理想工作以最卑微的方式傳達著這種表現。一個時代來了,然而,當我們在反抗這種專制的時候;我們倡議這種所謂正義的憤慨,並以暴力的方式消滅這反對感性質,就像摩西殺害埃及人一樣。但這不是正確的方式。我們不是透過抑制意願、暴力克服而獲得自由,而是一步一步地克服錯誤。

救世主承認自然人的權力，他使法老的心變硬以及使他意識中的合法地位維持一個季度。

摩西脫離到曠野代表著當我們尋求更高的境界時，我們必須遵守紀律。何烈山意味著「孤獨」；也就是說，我們必須進入孤獨境地並帶領我們的思想進入曠野的背面，那裡住的尊貴的人，我是，他的王國就是良好的判斷。我們在訓練四十年，或直到我們到達一個四面或平衡的心態。然後直覺之光或火焰的火燃燒在我們的心中，但它不消耗東西——沒有物質的損失。在大腦思維中有一個利用神經組織的振動過程，智慧是來源於心的，並沒有消耗「毛髮」和組織。這種智慧的想法就是「聖地」，或物質在其精神的整體性；即，神聖的想法中物質的思想。當這個聖地可以允許人類通過時，人類必須發放下他絕對限制的思想中的理解力——他必須脫掉他腳上的鞋。

就是在我們的智慧中心裡，神宣告自己是神父的父親，亞伯拉罕、以撒、雅各的神；所以我們真正的父親像精神一樣透露給我們。

在我們與光默默地交流中，高的對於低的束縛必須明確，釋放的真正方式也必須明確。我們看到人的可能性和「樂土」的善良，從中我們可以提高每一個思想。但摩西非常溫順，我們感受到我們的無能，我們就說，「我是誰，我

應該去見法老，我應該帶著以色列的子民離開埃及？」然後我們又保證，上帝的力量是與我們同在的，「當然我必與你同在」。這是對力量和上帝存在的識別，那是我們力量和能力存在的地方。耶穌，偉大的精神導師，說道：「神父就駐紮在我的作品裡。」

所有偉大的建築是建立在堅實的基礎之上。如果他在精神理解中把基地打得足夠深入和強大的話，救世主委派他工作的人最後一定會取得成功。這種理解可以透過冥想和或在沉默的研究中得到。摩西已經有四十年脫離凡世，學習並「面對面」地了解到上帝。

在我們沉默的冥想和祈禱中，我們不許注入擁有相同能量的內心思想領域，不用花費什麼，讓我們在這世俗的成就中特別顯著。但除非我們完成這個內在工作並在主觀精神上奠定力量和權力的基礎，我們會發現當我們在一定的努力上再尋求額外的努力時，我們會喪失健康。

耶和華的使者，火焰和灌木都是在人的意識裡的，透過內部的濃度上升得以明顯。灌木是一個神經中樞，透過普遍的生命能量的消耗，就像電力運轉，產生出光但又不消耗什麼。這天使是首席的智慧，通常表現在每個生命的活動或功能上。

人類首先會被精神事物現象所吸引；然後，當他把他的注意力放在了解原因時，救世主會啟示他。當摩西轉到一邊並開始調查時，他發現他就在聖地。人身體中心的精神力量是如此的強烈，以至於外部的意識不能承受這種電流並保持自我；本質上的絕對純潔，內部的火焰必然會受到純潔的精神思想的觸碰。脫掉拖鞋是從理解力中找出所有物質概念的特徵。

救世主的精神已經在潛意識裡發展，化身又化身。這個「我是」是在亞伯拉罕、以撒、雅各中的移動因素 —— 上帝是在他們所有中出現。

埃及是嚴格的重要意識。它屬於物理意義上的生命，物質的生物。迦拿是在輻射狀態的生命和物質；在這裡精神找到了它自然的表達。屬於輻射體的思想已經成為物質意義上的奴隸，至於更高的自我，救世主會讓他們自由。但要做到這一點更高的理解必須成為他們的意識中的一部分。所有東西都是由或透過一定的思想或意識狀態創造的。

更高的精神意識滲透到凡人或個人的意識中。個人的我必須承擔最高的自我。當這是第一次經歷時，會有效率低下的感覺。但救世主承諾在任何情況下出現，這是對精神法則和秩序強力的內部保證。

基督教的形而上學者們透過體驗話語的力量和由最高的我這個名字迸發的想法學習。自然瘦弱的人說出救世主的話就會產生奇妙的結果。因為他們沒有把他們的思想放在人類微弱的思想和他的能力上，但在偉大的我上。救世主耶穌說，透過他們，做了主人的工作。「我說的不是從自己出發：而是神父駐紮在我（最高我）那並完成祂的工作」。

摩西和法老代表在意識中發揮作用的兩種力量 —— 特別是它的一部分是屬於身體的。摩西代表的是存在於潛意識中的新思想演化的力量；這些力量與舊狀態下的限制和物質的物質抗爭著，並嘗試著擺脫它們的深度進入到一個更高的生命表達。上升到更高的生命是由摩西這個人作為象徵，他的名字意思是「抽出」。就像一個孩子被抽離水，一個不良然而又是普遍的生命演化的條件。法老代表的是在規則制度統治身體的力量。救世主是普遍規律，其衝動總是向上和向前的。這裡發現，那些正在經歷在《聖經》的故事裡象徵性描述摩西的再生過程的人，這兩種力量在意識中不斷工作，一個在堅持舊思想和努力延續他們的形式，和其他的將新擺脫物質束縛和超越其局限性所做的努力理想化。保羅說，「肉體光澤會和聖靈相爭，聖靈也會抵抗肉體。」從個人的角度來看它，我們很可能在這場抗爭中呼喊，「誰能從這死去的身軀中拯救我呢？」但作為哲學家，了解法律的改變，我

們可以平衡我們自己在這兩個力量中的位置,並讓他們在所有平衡普遍保護的形式,救世主中發揮作用。

這是對在鞭子和再生法律的線條下擦傷的人的安慰。因為他們的許多失敗和他們進步過程中蝸牛似的步伐,他們會認為是他們出軌了。然而,他們沒有。如果他們堅持和耐心等候救世主的到來,他們會獲得他們所要的東西。如果精神的能量瞬間湧入身體,由於肉體的雜質,將會摧毀機體,但是,透過自然人演化的調整,這種精神不僅被保留了下來,還會延長機體的生命和物質。我們的精神思想的目的(以色列的子民)身體下部分(埃及)是支撐身體 —— 逐漸向它注入一個更持久的生命和物質。同時我們的精神思想得到物質(玉米),這種物質可以維繫世界現象的存在。

當你確信身體的靈性並渴望釋放它的束縛時,你是對法老有所要求的。害怕他會突然失去對生活的把握,變得鐵石心腸,有時甚至是救世主,普遍規律的平衡,也對他變得生硬起來。然後似乎未能達到你試圖證明的。但在身體演化的過程中,有一項措施已經被採取,你會發現你正逐漸變得強壯,無論身體還是精神。

意識精練趨勢方面存在著高潮,在這其中我們做了顯著的努力並認識到一個很大的改善。「珠寶金銀、珠寶黃金」外部的意義上代表智慧和愛,這將會被以色列的子民詢問

或要求。（單字「借」在授權版本裡是一個錯誤）意思是，我們要相信所有的智慧和愛，即使在他們最外在的表現形式下 —— 精神上的。透過這樣的肯定，我們將精神控制在我們的內外，和廢除外部統治權力，這是「第一次在埃及這塊土地上誕生」。每種意識形態的第一次誕生都是自我。當宇宙間的洪水之光允許透過我們對於智慧和愛的宣言，每一個這種凡人意識狀態都被封殺了，有一個「巨大的哭泣聲響徹整個埃及大地」。

我們精神上可能擁有我們最真實的語句和它們看似符合所有的法律，然而法老不讓我們過去 —— 身體意識沒有實現自由。另一個爭取自由的措施是必要的，這主要展現在逾越節上。

在每一個身體層面的意識變化上，都有打破一些細胞並建造其他細胞去取代它們位置的現象。這是精神上的否定和肯定，身體的這個過程是思維先前發生的兩種運動的結果。透過有意識地放棄這個「經過」的過程，我們解放了動物的生命並獲得精神，當新細胞取代舊細胞時會發生。被殺害和晚上被享用的羔羊代表的是在凡人身體的晦澀中對動物生命的拋棄。要求羔羊是沒有斑點或殘疾，還有是用火烤後全部被食用。這是指在被重生的火焰清洗後的完整的嬗變和對人類生活的唾棄。火代表著積極的、肯定的心態，而不是消極

的或鬆軟的狀態。以色列的孩子被命令說不能讓羔羊「溼漉漉的」。「溼漉漉的」是一個古老的英語單字「沸騰」的過去分詞。我們不允許我們機體的生命被擔憂和必死的消極的話語煨燉著，但我們必須讓它和絕對事實強而有力的話語一同燃燒。

這是向我們說明，必須有一個身體以及精神的犧牲，並且「以色列的孩子們集合」將加入其中；這是因為，整個精神慾望的意識會默許。許多形而上學者們認為，沒有必要改變感知人的習慣 —— 也就是說，一個人只要保持他正確的想法，肉體也會得到完整規範。《聖經》裡說，在完整的心靈和身體示範清楚前，就有一個有意識的物理變化。思想做著自己的事情，只有當我們有意識地跟隨他們路上的每一步並幫助他們前進時，我們可以獲得他們工作的全部成果。看著你的想法，就像他們透過你的機體工作那樣，還有，如果你發現一些純潔的精神生命的想法竭力逃脫自由生活中的慾望、激情和你的身體，透過有意識地提升生活並開放你的思想去幫助它。這是典型的是把羔羊的血塗在房子的門的左右兩個的門框和門楣上。不要害怕對救世主表達你的內心生活，因為只有完美的坦率和童心可以使人受到神聖法律的保護。

只要有一個被隱藏的，神的生命在我們的習慣和方式上

的祕密使用，這是我們不願意但都應該知道的，只是這麼長時間以來，埃及的法老的束縛將我們綁在離合器上。整個人必須是純潔的，他的內心生活也必須如此開放和自由，以至於他不會害怕把它裝飾在他的房子的門上，並且凡經過的人都會通讀。救世主將會執行他的判斷，那些已經淨化羔羊身體和生命的人會逃脫使者或者死亡的思想。

# 第十一章

## 熱誠—熱心

　　自我，自由的我，不朽的和永恆不會改變的聖靈的本質，是人類選擇的可能出現的每一個意識和每一種情況的運轉。自我不會創造精神結構的基礎物質，因為這些物質在開天闢地的時候就已經存在了，但是自我在意識中形成框架和特徵，就像人類用木材、石頭或者其他可以用的物質來建造房子一樣。

　　這些精神狀態在一個偉大的宇宙動力之下形成的，這個動力是所有行為背後的熱誠或者熱心。熱情是風、潮汐、風暴的強大的動力，它使地球在它的軌道上運轉，刺激螞蟻發揮強大的力量。生活離開了熱情，就失去了生活的意義。熱情和熱心煽動靈魂想的每一個目標和理想，要達到光輝的成就。熱情是前進的動力，是所有事情背後的動力。沒有熱情，蕭條、懶惰、死亡便會阻礙宇宙的前進。一個人沒有了熱情，就像引擎沒有了蒸汽或者發電機沒有了電流。能量是熱情的動作，能量是每一個努力的領跑者。

　　如果你渴望得到一件事物，你為了擁有它，你啟動了宇宙的動力，但是，為了得到你想要的東西，你必須在追求中福有熱誠。渴望走在你生命中的每一步前面，因此，渴望是好的，是萬善之首；這是上帝自己生命中的一個階段。當人們說耶穌是好的，上帝會說：「為什麼你們稱我好？沒有人是甚好的，上帝也是如此。」所以最美好的，就是對成就的

渴望，對所有事情的強大的動力。美好的熱情不是對任何活著事物的偏待。這是毫無異議的。在表達上呈現腐敗的，它依然轉向新的形式。它為天真無邪的嬰兒的臉頰塗上色彩，為危險的野蠻人擦亮了眼睛，照亮了耶穌純淨的臉。

有些人將這種普遍生命的動力稱作上帝，並留下了所有都是上帝的美好印象，因此，所有的上帝靈魂的屬性都可以認為是生命處處都存在的意識整體。在這方面，他們缺乏歧視。上帝之道在生命的強大動力、愛、物質和智慧中出發。這些屬性只有在涉及到而且必須成為他的工作時才成為意識。雖然，在神聖的法律下，將這些無窮無盡的潛能發揮出來，是人類的使命，但是，人類是有選擇的自由去做還是不做的。神聖的法律固然不能冒犯，但它仍然有命令人類成為他的奴役的責任。人類不能玷汙使任何上帝的屬性的固有的純淨，但是人類可以在意識層面糊弄祂，帶給上帝不滿和不完整。意識到生命中和諧的關係是人類的特權，他可以用管理的藝術，把事物根據安排得妥妥噹噹，而不受一絲混亂的影響。那麼生活就成為了一首首愉悅歡快的和弦曲，他也就知道在生命裡都是美好的。

不要抑制你內心的衝動，那股力量和熱情。在精神上與它溝通，讚揚它的偉大力量以及在行動上的見效。同時，你要研究和引導它的方向，當熱情冷卻下來，對於結果而言，

它是失去了智慧和方向。當耶穌教導祂的門徒和把他們的才能結合起來，那麼人類也就在智慧和熱情中成長。你不是在抑制熱情，而是引導熱情的精神，智慧的結合，能帶給你快樂和滿足感。

熱情是存在的動力；它的命令式「前進！」透過這種動力，人類在意識上形成了我要盡全力的想法。在他們的生命中，在創造的廣泛主題中，他們有明確的目的，但當人類捕捉到更高層次的事物時，熱情便會催促他們向前進，去達到目標。

讓你的熱情與智慧互相協調吧。「房子主人的熱情把我消耗殆盡了」意思是，熱情變得如此理智活躍，以至於把最重要的東西都消耗掉，沒有東西能夠剩下來作為讓精神成長的食糧了。人甚至變得如此熱情地宣傳真理，以至於引起神經緊張。

「成為至善需要時間」。把你一部分熱情轉移到上帝在你的身體裡建立王國的意願上吧。不要把你的熱情全部灌注到教書、講道、治癒和幫助別人，更重要的是幫你自己。許多熱情的精神工作者，忙於把自己的熱情專注於如何教導他人真理，反而剝奪了自己證明真理的力量。不要讓你的熱情隨著你的公正而溜走。有一些人在剛開始接到工作的時候充

滿熱情，但是很快地，他們厭倦了，最終，工作把他們「解僱」了。

認真觀察火車頭的運動，看看它是如何緩慢但平穩地向前移動的，在最開始的時候一英吋的前進，然後漸漸地加快，直到冗長的車廂迅速地消失在視線之內。

人類是被壓抑的發電機的力量，但是在用的時候需要仔細地判斷。即使愛（約翰），「世界上最偉大的東西」，都與十二力量連繫在一起，與耶穌和雅各（公正）成為一個整體。耶穌稱這兩兄弟為「雷神的兒子」，把他們與無限制的電能建立起來的巨大震動相比較。公正對愛說，「在你跳之前要看清楚。」不要讓自私的熱情跟著你的公正力走。你要記住他們是兄弟，你應該在我是唯一的王國中穩穩地坐在王位上，左手是公正，右手是愛，審判者以撒的十二個部落。在這些象徵中，我們看見描繪重生的人類的姿勢和征服權，指示並引領著他的子民在智慧和愛中前行。

甚至連醫生都開始注意到在我們的神經系統中，智慧和愛的競賽。他們有的人說，消化不良可能是因為我們的情緒引起的干擾，在神經聚合的神經元中爆發，可能遺留下長久的胃病。形而上學家指出，在愛和智慧的爭先恐後或者「雷轟」，可以引起的不僅是嚴重更是致命的胃病和心臟打擊。

心臟說：「我愛」，智慧說，「但是你不能擁有你所愛的」；爭論尾隨而來，日日夜夜過去，神經線一直在被戰爭的情緒攪亂著。

愛的失望能夠使生命力消失點的降低，但是，這就要怪罪於身體上的一些疾病。

思想和伴隨的情緒的無陣列合，透過神經元不斷地引匯出神經節的中心，傳送著它們的生命力和「雷轟」到身體的每一部分。

耶穌有兩個信使名字叫西蒙，但是他們代表人腦不同的才能和能力。西蒙彼得代表上天的接受能力，西門代表著地下的接受能力。西蒙的意思是「聽見」，迦拿的意思是「熱情」。西門住在低地，所以我們知道西蒙指定的西門，其能力是在身體意識中有它的根據的。

但是熱情追求和接受的是，被西蒙證明的真理，西門把他提升到精神意識。這在使徒行傳 1:13 中形象地寫道，「當他們進來的時候，他們爬上屋子的上面，他們繼續存在的地方。」並且提到「西蒙是猶太教狂熱門徒」。

為了在精神上的成長，我們應該在精神方面認真地踐行我們的熱情，因為，基督教徒在執行主的工作時，很容易受商業道路的影響。我們應該時刻謹記耶穌曾經說過的：「上

帝是神靈，供奉祂的人必須在精神和真理上供奉祂。」當耶穌從祂的寺廟裡扔出財富轉換器，祂的門徒記得有一處寫道，「房子主人的熱情把我消耗殆盡了。」透過這種擲出的行為，耶穌把祂的商業賄賂思想從身體內移除了。在約翰福音 2:18 中被解釋。耶穌說，「是什麼徵象讓我們看到你，看到你所做的事情？」耶穌回答道，「你們把這座寺廟破壞掉，然後我可以在三天之內將它重新修復……」祂只是說在祂身體裡的寺廟。

世界上關於我們發生的一切事情，在我們身體裡的思想過程中，總能找到對應的內容。

人類的每一件發明都是人類身體中某些運動的一個副本。在汽車中的汽油爆炸就是身體中神經細胞中心內的擴張的模仿動作。神經液是通向神經室的，對應於汽車燃燒室，電力和能源釋放的地方。在人類身體中，精神熱情就是熱心，使神經質充滿電流，從而產生能量的物質。

思想建立了神經和大腦的中心，成為分配形成身體的重要物質的加工者。我們從食物中攝取的維他命元素，都被身體化學元素所儲存，經過思想和行動來釋放。

每一個想法和靈魂都釋放出這些儲存的物質。我們，是這種物質的智慧控制者，透過我們的意識來命令著這些過

程，猶如適用於駕著汽車的司機駕車的方式。

汽車司機應該對他所駕駛的車的功能相當熟悉。但是，大部分的司機只是簡單地知道汽車是怎樣運轉的，而不需要知道汽車的全部功能和架構，這些工作都是由汽車完成的。

所以人類知道的東西很多，但是對身體和靈魂互動的微妙卻了解很少。他們表現出一些必要的但是很膚淺的行為，當事情變得很糟糕的時候，就去看醫生，最後把舊「船」丟棄在廢料堆裡完事。

所謂的天才，就是非凡的熱情在完成理想中的發展。耶穌無疑是拿撒勒產生的世界上最偉大的天才。祂與其他在地球上的天才不一樣，祂是與上帝相提並論的有先知灼見的天才。祂的確證明了上帝的靈魂，其他人不曾做過的，在這裡面隱藏著祂的智慧：

在祂的人性中，祂發展了自己在精神智慧、愛和力量的非凡能力。有人曾經告訴我們有關上帝的事情，但是沒有人向我們證明上帝擁有與耶穌一樣的智慧和力量。祂為了完成上帝的使命，所使出的熱情，讓祂成為了一個人類精神天才的典範。

就像其他人證明天才的起源，耶穌從祂自己本身得到天才的來源。在祂上學求知的日子裡，祂不知道這個知識沒有

教過，但是祂展現出一種精神上的對宗教的聰慧和理解力，這使祂的同伴非常吃驚。他們大呼：「這個人從哪裡得來這種智慧，知道老師沒有教過的知識。」

天才就是個人在某些特定的領域中施展的日積月累的熱情。有些人認為，上帝任意妄為地使某些人天生擁有優於他人的能力，這個想法是不符合邏輯的，這種說法使上帝成為偏袒的人。上帝並沒有偏袒任何人，儘管《聖經》有時是這樣翻譯，「上帝不是趨炎附勢者」，「這是我心愛的兒子，我所喜悅的人」。這是理想和神聖的人，是救世主，是受萬人敬仰的耶穌基督。

然而，我們可以看見在人的性格中，有多樣性的證據，並且從表面上看生命，我們認為，上帝曾經賦予靈魂身體和其他事物於某些人，而不給另外的人。

但是我們用肉眼所看到的，只不過是物質上的東西。精神和靈魂的認知，需要我們認真地思考，在認知到人何為人，以及人是如何組成的，在認知到這些之前，我們必須找到我們自己身上的原因。

我們的肉體代表的不僅是三位一體中的人類，而更是聖靈，靈魂和身體。在人類身體內的精神稱作我，從很久遠以前就已經存在了。神靈是個有潛力的人，人類證明了靈魂的

存在。靈魂是人類的記憶、意識和潛意識。我們已經說服我們的潛意識，每一次的經驗都是我們所思所想，在行動之前就已經存在的。靈魂就是頭腦，頭腦就是人類。

在數百年以前，在這個星球上，我們所屬的種族就開始想和踐行著自我意識。只有上帝知道每個人類的具體壽命。耶穌說，「你們的頭髮是可數的。」

每一次的經歷，每一次的成就和失敗都被潛意識牢記並儲存起來。一個新的生命的誕生並不產生一個新的靈魂，只是靈魂重新依附於另一個身體。如此循環，每一個新生命的誕生，都只是生與死之間不斷重複交替著。你現在讀的這些東西，也是在經歷著一種思考，數百萬年的自由活動的行為，而不是凡人能夠數得完的數字。愛默生說，「不要被酒窩和捲髮所欺騙，那個小孩已經有一千歲了。」

那麼問題就產生了，「我們總是能得到我們在世界上得到的碩果嗎？」答案是肯定的，「種瓜得瓜，種豆得豆」，在世界上就是收穫的地方。一個人放棄了他所存在的大腦和神經系統，那麼也就放棄了他能夠準確表達他自己的唯一途徑。

所以，就像《聖經》裡所寫的，死亡是最難克服的敵人。死亡透過亞當的無知來到這個世界，同時必須經過基督

的理解。

天才產生於一個人在那個領域的行為，是不斷地累積的成就，是他的熱情的化身。莫札特在四歲的時候就無師自通，會吹風琴了。他從哪裡得來的如此妙不可言的音樂才能？一段靈魂的歷史可以說明，他曾經是長期受過音樂的薰陶，對和諧樂的熱情是從一個化身傳遞到另一個化身，直到他成為音樂的靈魂。

天才莎士比亞，是一個詩人和哲學家從「晨星一同唱歌」開始累積的經驗。

讓人知道，生生不息。不要忘卻生命的責任，你創造了生命，就要對它負責。逃離的方法也同時提供給我們。那就是，透過融合入基督思想到自己的靈魂和心裡。「辛勤努力知道基督在你心裡形成」。

西蒙，猶太教的狂熱者，有著以大腦為基礎的身體，擁有著自己王國的掌控權，物理上稱作延腦，髓質。

讓我們把人類看做是一個國王，擁有十二個兒子或者是王子，並且每個人都可以執行他自己的命令。每個王子都有一個王座或者叫大腦和神經中心，在這裡，你可以下達你的命令和施加他的善行。

耶穌在馬太福音 19:28 中解釋道：「我實在地告訴你，

那些跟隨我的人，在重生的時候，人類之子一定坐在他王國的寶座上，審判著以色列的十二個部落。」

西蒙從他的髓質的寶座上賜予耳朵、眼睛、鼻子、嘴巴和感覺神經系統能量。當人類了解到基督的統治、力量和指導能力時，他就會教導他的門徒，或者兒子，並展示如何執行為人類而建立美好的道給他們。

在基督界，我們都是國王，但是在上帝之下，我們必須知道「我的王國不是這個世界」。我們的王國是我們自己的思想、情感和激情。我們的門徒按照我們所說的去做，並且在充分的指導下繼續做，並且在道的幫助下完成。

你要記得，靈魂統治的裡裡外外，看得見和看不見的，上至天下至地。

為了協助西蒙完成他的使命，你必須集中你的注意力在你的大腦，並且確認無限的能量和智慧都傾注於熱情和狂熱。緊接著而來的是在想像神經迸發能量到你的眼睛，確定你所看到的東西和能量都存在於你的眼睛，並且得到證明。

對於耳朵精力和智慧的證明，加上，「你開啟吧」。

對於鼻子精力和智慧的證明，加上，「純潔的聖靈在已經嵌入了」。

對於嘴巴把生命流帶到舌頭的根部去，伴隨著自由的思想。

在舌頭的根部，存在著另一個門徒的王座 —— 腓力。當你從髓質的中心拿出熱情流並且與腓力相結合的時候，強大的震動就會產生於整個交感神經系統。在這種待遇下，你會強化了你的聲線，鞏固了你的牙齒，消化系統也間接得到能量。

在加利利的迦拿，在喉嚨的神經中心，耶穌可以將水變成酒。從形而上學的角度講，這種奇蹟的發生伴隨著我們認識到身體裡的流動的液體與在這種力量的中心的精神的生命的統一（結合），能夠產生一種新的元素，被稱之為酒。

當身體的化學元素與精神的動力相結合時，第三種元素也就誕生了，人類就感覺到，「在基督看來，他是一個新的生物體」。

# 第十二章

## 出家

　　幾乎所有的基督徒都經歷過各種被稱為「心靈交換」、「救贖」、「改變信仰」和「洗禮」，他們都承認，在他們經歷這些名字背後的偉大意識的輾轉不安時，他們已經「被判負有原罪」或者決定放棄拯救世界，而轉向完成上帝的遺願。那些罪人願意改變的，都是在肉體中得到罪孽的。那些最難達到的是自我滿足的道德家和宗教家。耶穌說，「我忠誠地告訴你們，在你走進上帝的天堂之前，民眾和娼妓已經早就進入了。」依賴人造的道德和宗教標準的人是不知悔改的，當然，在他的靈魂裡，自然沒有存放更高理想和新的生命的真理的位置。除非我們的悔改之心伴隨著犧牲，否則，我們仍深陷罪孽之中。「除了流血，罪就不得赦免」。血液代表生命，當新鮮的生命消耗殆盡，身體的脈搏慢慢地減弱，他們的鮮血帶走他們的生命和死亡的細胞。這也曾經被耶穌解釋為上帝把惡魔或者邪惡送到豬的前面。（馬太福音 8:32）

　　靈魂上的變化，對應著身體上的變化。如果思想境界得到提升，整個身體器官都得到更高頻率的震動。如果身體系統被任何壓力擁塞充血，更高的生命能量將這轉化到普遍的自由。在新生命找到意識存在的地方之前，必須有重生或者讓舊思想離開。這是一個心理學上的規律，在外在表達上，稱作身體的複雜消除功能。

　　在心理學家研究身體的同時，形而上學家研究精神。的

確，有一些形而上學家並不是很認真地做研究，他們只是簡單地跳過必要的步驟，直接得出答案，就像遠古的心理學家一樣，只是簡單地猜測身體器官的特徵；但是大部分研究內在力量的人都意識到，在基本面上找到符合其他形而上學家從事同一領域的工作。仔細而現代的形而上學家並沒有透過推測而得到他的這種結論；而是透過分析和對自己靈魂的研究，所得到的經驗，直到他找到統領宇宙靈魂活動的規律為止。

那些對思想有深入研究的人都贊同基本的原理，那就是宇宙起源於思想，是在思想的基礎上建立起來的，並且透過思想的力量來維繫。自我分析解釋了個體的思想行為，而這些行為是所有大小事務的關鍵，不管是在微觀世界還是宏觀世界，不管在人類還是上帝。另一個觀點是，思想是他們想法形成的畫像，在分享思想者的本性。

形而上學家對想法的王國，也就是聖靈與思想的王國，也就是靈魂下了一個截然不同的定義。想法的活動領域只是在上面、在附近和在物質裡面。它們不過是比物質多一些自由。想法有一種形成四維的能力，一般而言，普通事物只有三維。然而，在想法實現功能的領域也有一些限制，同樣，人類的意識，是由想法構成的。因此，我們很容易使思想負荷，就像我們的胃也超負荷工作一樣。思想也要像食物那樣

需要消化。急切地接受知識，而沒有適當地消化，以至於精神崩潰。思想就像是大便那樣，應該是開放和自由的。據說，萊曼畢徹對要告別的他的朋友說，「尊敬上帝，要更加虔誠，要讓你的大腸通暢。」形而上學家發現，稱讚和感恩是有效的瀉藥，它的清潔功能不僅能夠清除思想中的自我意識，還能夠清潔身體內的殘留物質。

　　想法是有形的，它們在精神領域中占據一定的位置。當一個思想者願意捨棄舊的東西並吸納新事物的時候，那麼一個健康的思想狀態就能得到並且持續下去。這可以用一個水池裡的水的進進出出來形象地解釋。停止進水，池裡的水就會枯竭，停止出水，池裡的水就會淤塞，就像死海那般，析出精鹽直到觸碰到任何東西。

　　思想在身體的活動在某些方面是與地球上的水相似的。故步自封只會把新的思想拒之門外。然後就開始結晶，在藥物學中稱為動脈硬化。原因可能是其他疾病引起的，例如梅毒──一種被認為是動脈硬化的重要原因之一。形而上學家把梅毒看做是王國的第二影響，他們問到「是什麼引起梅毒？」那是因為無限制的性慾享受，而不顧在意識中人對那個物體作用的愛護與理解。我們可以很清楚地看到，在這個方面，動物的自制力是比男人和女人都要好的。

　　沒有智慧的控制，享受快樂的感覺，如同在馬路上駕駛

著飛馳汽車，不顧接下來可能會撞到東西的後果。但是，如果剝奪了人類的自由，當他學會如何正確地運用存在的律令時，那麼可能會降低了「上帝之子」的獲得。結果是，他得到教訓，要用更多的智慧來控制自己。肺結核、梅毒、癌症、腫瘤以及其他疾病都是身體自然規律變得暴躁的證據，他們在為自己的自由抗議和掙脫不愉快的狀態。

　　身體的每一個細胞都是籠罩在靈魂或思想，它最初的鼓動是符合神聖的自然定律。當這種定律不被人類遵守，細胞便受到慾望的奴役，它們於其他處於同樣狀況的細胞像結合，它們開始破壞器官，而不是屈服於這種貶低的狀況。但是這些細胞的破壞只是作為物質上的損失，而沒有危急精神層面；精神整體是存在的，並開始新一輪的靈魂演化。就這樣，靈魂重複化成肉身，不僅是靈魂細胞，而是人類這個偉大的細胞聚合體，作為解釋了靈魂和身體特徵的一代又一代生生不息地傳遞事實。我們繼承的不是肉體，而是思想上的肉體。肉體已經歸於塵土，但記憶還是持續到一個更高的清潔的力量，並且提升到一個更加純淨的意識狀態。

　　與創世紀中有連繫的是，上帝正在毀滅，從所多瑪城逃跑到蛾摩拉城，羅德的妻子回頭一看，「成為了鹽柱」。鹽是防腐的，對應於記憶。當我們還在回憶感覺的愉悅感並渴望它們回歸時，我們把這種感覺的慾望保留或者「醃」起

來，以達到保存功能。這種渴望可能在某些地方某個時候重現，除非記憶透過出家而溶解了。渴望的感覺在一個化身肉體可以被表示在未來在個人愛的強烈渴望。這種渴望成為潛意識後，它在器官的子中心對這個物體產生狂熱的追求感，這種感覺可以被稱為消耗，或者其他細胞消耗疾病。

現代醫學科學追查身體幾乎所有的疾病到微生物。最普遍的治療方法就是引入抗體，這種抗體是一種病菌，但是威力較弱。身體透過植入抗體來產生新的自我抵抗力，從而血流就可以抵消和中和疾病，幫助身體免於更嚴重的疾病入侵。如果病人一直持續有這種免疫能力，那麼從邏輯上說緊跟著的是，他一定有這種病菌在他的身體系統內，因為一旦它們遺棄了他，他很有可能又再一次受到攻擊。透過將鬆散的系統轉變成自然的傷寒病菌，那麼傷寒症就有可能平靜下來。但是，如果病根沒有治癒，那些跟蹤這種情況的人可能會說，這種病菌正在散播各種不同形態的疾病，並在不同的方面使人類的家庭變得缺少剛陽之氣。筆者知道有一次，一個健康的男孩被接種疫苗，幾個月後他臀部的傷口就受到結核病的攻擊，醫生卻說這是他的血液不夠純淨。所有的這些說明了，醫藥科學還沒有找到合適的血清，並且疾病不是被血清治癒的，而是它的釋放，以及最終發生為其他的形式而已。

我們可以看到細菌學家，諸如科赫和巴斯德，他們僅僅是對血清有一個線索，而新生命的流動掌握在耶穌基督。人類的身體被病菌破壞是不可否認的事，細菌學的緩和方式能夠使我們在生命中能夠活得久一些。但是在基督的救治之前，沒有其他方法可以治癒疾病。破壞性的細菌是破壞性的思想的創造物，在找到特定思想之前，物理學家仍然繼續尋找治病的血清。他們的搜尋是這樣一個血清存在的證據。

　　破壞性的思想將身體和靈魂分離，當這種分離完成時，細菌就會開始發揮它的威力，將身體殘骸分布在世界的角落。如果身體原封不動，那麼這個星球很快就成為木乃伊的住所，以及死人將包圍在活人身邊。只要人類繼續死亡，對微生物而言，他們的身體正合細菌的口味。

　　專橫的凱撒，死亡之後變成黏土，成為一個洞把風擋住。

　　當身體變得區域性被細菌的思想侵占，並從最高的自我分離開來時，那麼透過手術，強迫移除這種殖民，有時候至少可以得到暫時的寬慰。人類是地球上占主導地位的思維和特徵製造者，他把一個本應成為天堂的地方變成廢墟。因為人類的貪婪、憤怒、傲慢和無知，他們受到害蟲、風暴和地震的襲擊。

　　歷史的說法是，在過去黑暗的日子裡，這個星球因男人和女人踐行貪婪、傲慢和雄心壯志的意念的力量而被控告，直到行星上的神使出非常手段。

　　這個故事（這僅僅是一個傳奇）講述著大自然的反常和它天真無邪的生命能量從週期循環開始，在人類第一個繁榮的精神力量，在古代亞特蘭提斯大陸上，建立起一個祭司的等級制度。那些擁有黑魔法的主統治著整個世界，以及沒有歸屬的宇宙思想。對於整個民族來說，為了安全所採取的特別措施顯得十分重要，這時需要選出最高力量的人來帶領和執行對亞特蘭提斯大陸和它的子民進行破壞的計畫。在這片被這些占據著大陸的神祕術士土壤上，變得充滿了貪婪和自私，被譴責為不適合繼續充當父母行星。這被汙染腐蝕的土壤被現在的亞特蘭大海洋驅逐出去，並且扔到太空中。在太空中，它變成了所謂的月亮，成為了無生命的聚集地。在這可怕的外科手術下，地球像酒鬼那樣被捲了起來，仍然游離在垂直的位置之外，這是在巨大的搖晃和從它身體中被切割了一塊的結果。在這次大災難發生之前，一個熱帶氣候甚至延伸到兩極。從前的熱帶植物和動物現在都能在兩極找到，這些死物證據正好說明了在那個時候這個星球於太陽相連繫的某種突然巨變。兩極溫暖氣候的驟然撤退，導致的是非自然的降溫，從而下起了雪和冰，慢慢堆砌起兩極直到形成極

地的厚度。伴隨而來的是延續了幾千年冰河世紀，從北極初爆發冰川，終年冰冷和下雪。然而，地球慢慢地恢復保持自然平衡的能力，在適當的季節恢復到其原始的黃金時代，所有的沙漠都將盛開燦爛的玫瑰。傳說就是這樣流傳的。

　　但是人類的意識狀態是怎樣建立的，他在哪個層面得到解放？沒有人能夠比上帝跑得快，並離開上帝的拘束。一個人在構建什麼，另一個人一定要好好看管。邪惡一定要形成人類想要成為的東西，在他可以踏上理想的山峰之前。這是要加入一個因素，要分解不再有用的結構，這個因素在形而上學上叫做否定。嚴格地說，否定不是作為存在的道的特徵，而只是構造和支撐脈動的缺失。當自我意識放開了，自願地放棄其珍視的理想和愛，它就完成了否定的規律，願望又重新回到神父的房子去。

　　因為所有的願望透過有形的詞語實現的，所以，所有的否定也必須經過詞語或者有意識的思考來完成。這是透過用清水洗禮而對心靈的洗禮。在一定階段，他那產生問題的人類使得他的自私占據意識的一部分。個人私欲只不過是自負的表現。這種自我膨脹一定要加以遏制，那麼更高尚的行為才能得以施展。一個人看到更高遠的事情，就會渴望向他們看齊。那種一定要有秩序，按照合理的占據頭腦的方式。一個人的願望被智慧包裝過，一定會被熱情引領到聖靈的王國

裡。要做的第一步是，要放棄所有的持有感覺層面的自我。這種自願地放棄，代表著施洗者約翰在曠野中大喊，否定他自己生活中的奢侈，光著身子，以蝗蟲和野蜜蜂為生。

《聖經》中的性格代表著個人的精神態度。施洗者約翰和法利賽人象徵著智慧的不同表達。約翰願意放棄舊的思想和提倡透過洗禮，精神的洗禮達到否定的目的。法利賽人卻一直堅守著傳統、教義和《聖經》，不願意放棄。約翰代表的是從自然傳統中昇華到精神層面的智慧，而法利賽人卻沒有進入到這種轉變，一直在緊握陳舊的東西，透過爭辯和《聖經》中的語錄進行辯護。耶穌，是代表精神意識的人，並沒有把法利賽人看在眼裡，但是，祂對約翰說：「在女人所生的孩子中，沒有一個比施洗者約翰更偉大的人：他的確是偉大的人，只是在天堂王國裡比上帝還差一點。」耶穌知道，約翰所代表的精神態度是對偉大事情的預言，實際上是知識分子在通往成就道路中最渴望得到的精神狀態，而不能夠與那些已經達到神聖意識的精神狀態相比較。

那些迫切需要上帝的人，實際上是施洗者約翰在曠野中呼喊。那個厭煩了人類的人，願意放棄他的財產和喜好的人是約翰。願意犧牲精神上的東西，使你站在通往更高尚生命的道路上，直到你最終成功放棄你內心深處最渴望得到東西，你永遠不能嘗到成功喜悅。

從約翰到耶穌要經過許多階段，包括不必要的艱難。禁慾者如此精力旺盛地行走在否定的道路上，以至於他們渴望得到力量，而不是轉變它們。一些東方人祈求神靈用各種方式來矯正他們的肉體，餓其體膚、削其肉、然後用鹽醃；他們粗暴對待肉身，直到變成一坨泥土，那麼靈魂就從身體裡跑出來，直到鳥兒在他的頭頂築起鳥巢。這就是東方式的否定，精神的萎靡。一些西方形而上學者們嘗試著模仿這種道的折磨方式，是在靈魂而不是在身體上。

施洗者約翰贊成相信，因為使用了無知的方式，他們變成壞人，應該被殺死，這種精神態度。精神分離總有一個原因，而導致人類死亡的原因，根源在於，有著遠離和諧之線的譴責點思想。對於約翰來說，判決他自己的錯誤看起來是美德，但是這帶來了希律王對他的判決，在那次他失去了自己的腦袋。我們從這故事中學會，在任何角度來說，判決是一件可怕的行為。

聰慧的是亞當，他把樹上的善果與惡果都吃光了。他觀察的範圍是有限的，他只是在比較中得出結論。他的判斷依據有兩種力量和兩個因素 —— 正面和反面、好的和壞的，上帝和撒旦。他的結論都是基於有理由的比較，所以是有限制的。聰慧，被現象判斷出，結論是存在是避之則吉的事情。智慧，把災難和痛苦看做是人類濫用激情的後果，認為

他們應該要餓一餓。這就是禁慾主義的起源，要從根底裡剷除每一個食慾和激情，因為他們熱情過頭了。

施洗者約翰在人類從智慧發展到精神意識的過程中，占有一席非常重要的地位。正如耶穌所說的：

「這就是他，所寫的他，看呀，在他們面前，我把使者送來了，為你鋪好要走的路了。」

約翰就是聖靈的引路人，他代表著真理的洞察力，為狹隘的信念敞開一條通暢的神聖的道路，並持有美好的思想。

你和你的祖先在頭腦裡持有的信念，現在形成了如此強烈的思想流，以至於它們在你的思想裡的道路的改變，只有經過你堅決的決定不再眷顧它們。它們不會被趕出來，除非他的自我透過其他它們走過的領域，並決定積極地接受把它們扔出自己意識的方法，同時，架起將它們阻擋在門外的大門。這通常要得到肯定和否定，否定性常是第一位。施洗者約翰一定要開始革新，在神聖的靈魂降臨之前，人類要願意接受聖靈的洗禮。在聖靈的面前不恭敬的人，他還是沒有準備好接受它的指引。

對於想被指引到至善事物之前的人，服從和接納對於他來說都是很重要的。這意味著他必須擁有一個生命的源泉，一個真理的源泉，一個指令的源泉；他必須放棄生命中曾經

接受過的思想，並且願意接受新的思想，就像他是剛出生的，天真無邪的小孩子。這比人類平常想像的大腦緩慢接受要快得多。

所有真誠渴望得到神靈指引的人，都很樂意地接受理論中人性和天真性是必要的說法。這無論是在形而上學中還是正教會都認為是正確的。當你完全自由地把自己投入到上帝中，聖靈自然而然地會找到指引你的方法，那麼你就會被引到一條與其他人不同的道路上。你的教導方法可能是概括性的，當聖靈單獨地指引你說，真理與你所學的不同，你可能會否定他的說法。例如，如果你曾經學會忽視身體中的激情和慾望，那麼聖靈在它的指導中就會告訴你你正在理解這些激情和慾望是誤導你的力量，那麼你將怎樣做？

對於順從的門徒而言，這只有一個過程。如果你屈服於無所不能的智慧，那麼他告訴你什麼，你都要照著去做。你會發現，他的指導對於你來說是正確的方向。最後，這就是你最有可能要走的道路。

所有事情都是美好的證明。人類的精神個性就是美好的本質，他不可能犯錯。他可以以他的經驗，濫用對神父放置的任由他支配的力量，但是他不能做出永久邪惡的事。他總是依賴著神靈，那個原諒他一錯再錯並且把他送回正道上的人，一個當他願意放棄自己的道路，並且成為一個要求被帶

157

領的小孩。激情和慾望就有望得到救贖，無知的聰慧被宣告是邪惡的，並嘗試透過飢餓和抑制慾望將它消磨掉。這並不意味著在舊的、令人洩氣的方式中就可以放縱慾望和激情，而是意味著它們要在聖靈的指導下訓練出一個新事物。

約翰施洗者代表著神靈的感受能力的態度，等待更高尚的道路，就像小孩等待父母深處援助之手那樣。這個不是專制的訓練師，而是有愛的、善良的幼稚園教師，圖解說明了在現實生活中困擾思緒的複雜問題。他很樂意地接受公開的靈魂和心靈的洗禮的可能性，當他溫順和服從，願意將自己毫無保留地在聖靈前坦誠並不拒絕地接受他的指引。他開始意識到耶穌當時的意思：「如果人願意跟隨我，讓他否定他自己，拿掉他的十字架，然後跟隨我吧。」

通常我們知道，十字架不是一個負擔，而是一個人適應他們正確關係的力量的象徵。耶穌的身體被釘在十字架上，說明人類的身體一定要提升到與聖靈和諧統一的高度，並且適應它的四維層面，代表著十字架的分支。

人類在第四層維度中思考，但是他的身體，在他目前的身體意識，只能表達第三層維度而已，因此我們必須否定物質性，以對思想進行洗禮。那麼肉身就可用輻射到太空的力量穿透所謂的物質。但是在你可以做這些事情之前，你必須要經過施洗者約翰否定的洗禮，在你腦子裡的舊思想一定要

永遠消失。

如果你堅持認為，有一些東西在阻礙著你看見現在的黃金時代，那麼你就是個偽善者；你在大喊，「魔王」，無論你什麼時候對那些在山頂上看到精神的人說「很憤怒」，現在他們都已經在新時代中看到陽光了。

施洗者約翰在人類的孩子中迅速掠過。他的呼喊在今天仍然能夠聽到，他們在無邊際的感覺中跟隨著他。但是基督之亮光仍然照耀在加利利，那裡的子民十分感激他們能夠看見。

那些嘗試著從外部注入新的生命流來治癒身體的人，他們是嘗試著按照耶穌得到精神的物質方式來做的。在耶穌到來之前，種族的生命力正處於一個低潮，耶穌洞穿了一個必要的生命的意識，他也知道怎樣相他們跟隨的人灌輸思想。約翰福音 5:26 中寫道，「因為神父有怎樣的生活，他的兒子也有怎樣的生活。」生活是精神的，就像每個人嘗試在物理實驗室中找到它一樣。沒有人見到過生命是存在於食品和飲料的，但是在一定程度上，身體的維繫是透過吃喝來吸取科學所稱的維他命。身體所需的維他命有多種形式，在特徵上是精神食物，一定要被精神識別。我們感覺到在我們身體裡生命的繁榮，把這種對生命的意識提升到對基督的熱情，我們就能得到充滿能量，那麼整個生命流就會得到充盈，在動

脈的堵塞和腺體都會一掃而空。「我感受到生命的氣息，並且燦爛綻放」。

所有精神形而上學家都知道耶穌的身體和血液都是純潔的，每一個單獨的細胞都充滿著原始生命和物質的能量，等到所有的物質都被清除掉，最本質的東西依然存在。維他命，或者生命和物質的本質的東西，像種子那樣散播在種族的意識中，無論是誰，透過信仰基督，都能夠得到這樣的生命細胞，注入像耶穌基督那般的純潔，不僅靈魂而且是整個身體都得到清洗。

「人類的兒子，在世界的土地上播種」。就像種子種在土壤裡，在祂的善行下，道和思想種子會成倍地生長。「他中有我，我中有他，生生不息，離開了我，他不能做任何事情。」

使徒達太，也叫做馬太也，執行從靈魂中消除錯誤思想和身體的廢棄食物的工作。

具有清理功能的神經細胞的中心，在大腸的最低處指示著大腸的排泄。

這個中心對關於物質和其他事物的思想是十分敏感的。一個令人全神貫注於物質的精神會引起便祕。一個放鬆的精神和對物質占有欲的寬鬆則會帶來大腸的通暢。

那些腹部的流行疾病、便祕、腫瘤等，都是由於整個身體的能量過於收縮的緣故。

在置於中心的頭腦中，對生命力量的下降負有一定的責任。操縱前腦的意志，控制著整個機體的生命循環力量。一個拉緊的意志，將完成一些個人的結果，為每件事情的結束提供線索，並限制其他活動的功能。

一個人決心要在某些選定的領域中取得成功，比如學習、專業、商業，或者其他個人理想，都會把身體的所有力量集中到頭腦中，並使其他中心挨餓。

在學校裡，我們的孩子被填鴨式地牢記著世界智慧，被刺激著要得到高分，這種對大腦供血如此頻繁的做法，以至於流到腹腔的血液都消耗殆盡了。

這溢流到中心的血液會引起扁桃體腫大、發炎、鼻竇炎和其他疾病，同時腹部出現便祕。並且普遍缺乏至關重要的作用。

有些人透過睡覺得到放鬆，因此給身體重新呼喚內在的力量的機會。如果這種生活日夜顛倒的話，最終的結果是身體虛脫了。補救方法就是意志的放鬆，暫時放下個人目標。

繼續與世界進行抗爭，要對身體的疾病負責。對於暫時需要的擔心和焦慮會打亂身體甚至大自然所提供的元素的生

命流。耶穌警告焦慮，「在你的生活中不要太焦慮，你所吃的和所喝的，以及你所穿上身的。身體比不上食物和衣服嗎？」

一個神聖的法律，已經提供了被人類觀察到的所有需要的東西。「首先，你們要懇求他的國王和他的正義，所有東西都要加給你的。」

所以，我們發現，繃緊的下腹要得到舒緩就是取決於緊張意志的放鬆。

放下你的任性，請求神聖的意志幫助你完成你的事務吧。耶穌把祂自己的意志放在一邊，那麼上帝的意願會幫助祂完成。「不是我的意願，而是你的，請你幫我完成」。

# 第十三章

## 生殖的生命

生殖的律法在人的意識中無疑是神祕的。幾乎所有的自然奧祕，人類都有探索過，或多或少獲得成功，但對於生命的起源他們全然不知。的確，有化學組合類比生活的存在，但是這種活動自由是暫時的。

在現象世界中，生命是推動各種形式來行動的能量。身體裡的生命就像馬達裡的電力。就像工程師在一個電動機上指導和調節電力，所以機體的生命也有其工程師。生活本身並非聰明 —— 它需要指揮實體的能力，為了得到最好的效果，這種能力知道和如何應用它的力量。人的身體中工程師的力量就是生命的自我；這是機體生命的意識。

在人類所有的力量中，生命的自我是最為微妙和善變的。它是一種動物的力量，在《聖經》寓言裡被指定為「田野裡的野獸」的一種。它掌管著生命和生成的人體功能，而且由於它獨立的傾向和從其他身體機能中分離自己，這被稱為的「對手」。它本質不是邪惡的，但由於它位於整個身體活動的中心，它的趨勢使它意識周圍的所有運動。

在其神聖的自然關係中，生命的自我在頭的頂部擁有正極，這是人類意識的「天堂」。當性格變得活躍並開始在更高的精神力量上鍛鍊時，生命的自我膨脹得與自己的重要性一樣大並從天堂（頭頂）墜落人間，或是大腦前端。當耶穌用精神力量誘導了七十個人回來時，他們宣稱，甚至連惡魔

都受制於他們。然後耶穌說：「我曾看見撒旦像閃電一樣從天上墜落。」耶穌顯然是引用以賽亞書，在他的書的第 14 章中寫有（國王雅各版本）：

你為何竟從天堂墜落，早晨之子 —— 路西法；你為何竟被砍倒在地上，這叫削弱國家！你曾打心底說過，我要飛到天上。我要高舉我的寶座在眾神星之上；我會坐在山脈連綿處，朝北坐著；我要升到高雲之上。我要做至上者。但是你必定會被推下地獄，到它旁邊的坑裡。

耶穌警告那七十個人，不可以誇耀他們的精神力量，並且補充道，「但要慶幸你們的名字被記載在天堂裡。」

為了使人身體本身有生命，上帝賦予生命中心一個焦點，就在生殖器官裡。這機體活動的中心也是感覺的一個位置，是進入身體內最微妙和誘人的因素，但這些品格（感覺和生殖）對人的性格來說是必要的，沒有他們，他就不會是一個完整的代表，或是神的形象和樣子。

上帝不引誘人去違背祂的規律，但一個偉大的創意計畫產生出了上帝投生其創作本身的結果。這個化身叫做人類之子；在人看來，一件奇妙的東西就是創造性的過程。這種東西就是富有精神的人，這種人是和上帝平等的，當他克服困難，或者用智慧、力量或身體的能力處理問題時，這身體就

是伊甸園。

形而上學者們最需要的是對彌補意識因素的理解。這需要辨別、判斷和自我剖析。

我們口若懸河地談論上帝就像生活、愛情、智慧和物質，以及關於人作為他的表現，但當我們描述這種表現的時候，我們「掉塊」就像是思想的產物。

現在我們需要知道的是如何組織不同屬性的思想，因為這組合依賴於有理想的人提出來。

我們必須學會觀察我們的意識，它的衝動和慾望，作為藥劑師觀察他的解決方案。人類從上帝的元素中形成自己的意識形態，還有他獨自為這些結果負責。

意識是一個深入的東西，詳盡地了解它需要閱讀很多書。簡單地說，每個意識都有三大因素參與其中 —— 智慧、生命、物質。這些因素的和諧組合需要自我最細心的關注，因為在這裡，所有爭鬥的存在都出現了。

在《聖經》中，神聖生命與神聖物質的結合被稱為「上帝的羔羊」。這句話帶有羔羊純潔、清白和樸實的特點。它的本質是與它觸及到的一切事物的永恆生命活躍一起。它知道只有給予，不斷和永遠地給予，毫無限制。它不攜帶智慧；這是另一種品質，是人類從意識中的不同部分理解到的。

上帝生活的純潔透過靈性的身體流入到人類的意識之中，並能被身體裡腰上的某一點感受到。這是「生命之河的流水，就像水晶一樣明亮，流出上帝和羔羊的寶座」，在啟示的第 22 章中有提及到。

　　只有那些已經進入精神身體的意識的人才會感覺到這生命溪流的神聖。當自我發現它，並在它清洗的流水裡沐浴時，樂土領域的狂喜便能體驗得到。它不能被描述，與它超然的甘甜和純正相比，因為所有凡人的意識的感覺都是粗糙的。

　　在靜默的冥想或者宗教的熱情裡，很多人感覺它只是部分的刺激。它劇烈的振動只能獲得暫時的刺激。只是這裡有危險對那些沒有拿出另一極 —— 智慧的存在埋伏著。

　　自我，透過對這種生命之流的承認，讓它自己流向每種能力。由於大自然的無形，生命之流由它湧現出來的東西形成了它的模型和特點。這是自我的僕人，這個我，就是人，並透過他未能認知到上帝的智慧，告訴他如何以正確的方式使用它，他的錯誤在他的無知前，還有，上帝的羔羊從世界的基底被殺害。

　　墮落的最大危險在於肉體關於性思想的方向，因為在這裡，純潔之流受到無知最粗暴地玷汙。性的感覺已經在人的

意識中造就一個破碎的水箱；因為一代又一代的生命之流已經變成了這個容器，還有，慾望已經掠奪了整個比賽中的身體，令它們的空虛的生活僅僅是一個空殼。這無用的眼睛，聾的耳朵和潰爛的肉，所有的這些都見證著上帝生命的墮落。

然而無論男性還是女性，都應用著好的原因，繼續著他們貪欲的行為，與此同時還想知道上帝為什麼不給他們更多的生活。

他們到處跑，尋求恢復他們已經喪失的權力的藥劑；他們請求上帝的幫助，然而他們繼續把精力浪費在慾望上。

人有男性和女性，這是心靈的品格 —— 愛和智慧。每一個嘗試把這些神聖的屬性降低到物理平面的都會遭受災難。這已經在每個時代嘗試了一次又一次，如果他們堅持執行他們的理論時，它的崇拜者通常會進入道德敗壞的狀態。

但它不是在再生時非法擁有身體的感覺。想法的改變必定會在身體上產生一種變化，當精神作為合法居民受到身體歡迎時，每個意識中心都會有一個完美的反射。婚姻在《聖經》中是祕密地表達的，和其他神聖的書籍裡，發生在意識中；這是兩者融為一體的靈魂交流，這比最為和諧成對的男女之間更為甜蜜。這就消除了性別外化的表現。

堅決地否定肉體對性的信仰，並認識生命之流，這種被推離到外源並命名為性的東西，並不是原始純潔的特徵，只是純潔的精神生活。

你必須透過破壞肉體性的感覺來清理這純潔之流的外部支流。這只能依靠你話語的力量才能完成。不要消滅你全身的生命表現，透過完全否定它，否定這種不純潔的只有動物的自我才會披上的意義。

「把所有都變得純潔就是純潔」並不意味著好色就是純潔的，也不是說崇拜性就是純潔的。從這些影子的後面和裡面了解到的純潔是上帝的純潔的物質，必定能被純潔的眼睛發現。自由你的眼睛看到行並沉溺其中，在任何層面來說，你都是不純潔的。你必須變得心理上是透明的，以至於你看到的男人和女人就像是性無能的東西 —— 他們都是處於精神意識中的。

性慾望是死亡之父。雅各，在他書信的第一章中，對於它的歷史給予這些話語：「私慾，它所構思的，都是罪惡的：罪惡，當他完全成長時，就會帶來死亡」。

保羅說，「關於肉體的想法，就是死亡」（A.V.），還有耶穌，在馬克的第 12 章，用這些話總結了整個問題：「當他們死而復生（擺脫了肉體的思想），他們既不結婚，也不

想被賜予婚姻，正如天堂裡的天使。」

令人喜悅的內心生命力量的第一步是渴望得到上帝的指引。內心真誠的渴望總會得到神聖的法律的滿足。人類所有問題的根本都是無視法律。人類必須處理他「花園」內的許多因素。最「微妙的」是「蛇」，或者感覺意識。它不是邪惡的，正如我們曾被引導要去相信。創世紀的第三章中描寫的寓言明白地告訴我們感覺（蛇）是一種盲目的力量，不應該被看作是智慧的源泉。在其正確的關係中，蛇能直立在它的尾巴上，關係鏈在快速的精神振動力量和緩慢的肉體振動之間形成。「正如摩西在曠野中將蛇舉起，人類之子也會被舉起」。在人體中，骨髓是主要連線感覺的纜繩，「樹木，位於花園之中」，它的枝椏會伸展到系統的所有部分。這棵「樹木」的「果實」，感覺（蛇）的渴望敦促人食用它，這是精液，它貫穿了整個神經系統，也是心靈和身體之間的連繫鏈。當慾望的感覺驅使人食用這顆在他塵世花園中的珍貴的「樹木」的「果實」時，整個神經系統會耗盡其活力並且脊髓也失去指揮更高的生活到達意識的能力。人感覺缺乏；他是「赤身裸體」。感覺不再是一種神聖的狂喜，只是一種肉體性的振動。它爬上它的「肚子」並啃食它所有生活歲月裡的「灰塵」；即是，它功能最為乾枯的時候，人體中最無生命力的部分。

但感覺是一種神聖的創造；它是救世主上帝形成的一部分，必須在意識某處尋找到表達。這給我們帶來了這種慾望的根源，這根源是渴望興奮和在飲食和飲酒中尋求過度的滿足。當我們理解思想和身體的剖析時，這原因就顯而易見了。感覺透過慾望尋找滿足。透過傾聽這蛇的意義，人變得性瘋狂，變成一個貪吃的人、一個酒鬼。補救的辦法是：脫離肉身的情慾和尋求上帝的幫助。從其精神立場把這個問題弄清楚。感覺是一種心理特質。它只有透過培養靈性才能得到滿足。如果你是性酒鬼，就否認這個邪惡的慾望的力量超越你。祈求幫助來克服它，然後肯定你自身的力量和精神的統治力是好於你「花園」中的所有的「田野裡的野獸」。當你獲得掌控性放縱的能力時，你會發現征服慾望其實是很容易的。簡單地否認所有對於物質刺激的渴望和肯定你可以透過精神刺激得到滿足。每當對物質刺激的渴望出現時，對它說：你什麼都不是。你對我和其他人沒有任何作用。我是精神，我完全可以透過精神生活的大洪流得到滿足，現在它充斥著我的身體。

　　罪惡的下場就是死亡；這些的真實性也被證實了多個世紀。但是當他誘惑她違抗神法時，「對手」對夏娃說，「你們不一定死。」伊甸園的悲劇每天都在種族的個體中上演，這後果仍是死亡。我們可以把它叫做其他名字，但是意識的打

破和精神、靈魂和身體的分離也是一樣發生。正如愛默生說，「看到一個神在廢墟裡。」面對上帝宣告死亡是罪惡的代價這個事實，種族的經歷也驗證他的話是千真萬確的，許多人聽從過這個「對手」並相信他的謊言。我們聽到他們每一次都說：「你們不一定會死的。」

作為罪惡的結果，整個人類已經「在罪過和罪惡中死去」；那是因為，整個種族處於垂死的狀態，並以身體的喪失為終止。死亡並不是毀滅，因為復活已經被承諾了。

「在罪過和罪惡中死去」是缺乏對上帝認知的表現，忽視他的法律並違背它。當耶穌說，「我就是復活和生命」時，他告訴我們基督思想進入人的心靈和肉體的力量是作為加快精神來喚醒對上帝認知的這個意識。這個恢復過程現在發生在許多人身上。這是一個漸進的變化，帶來了身體經過思維更新發生的完全轉變。精神，靈魂和身體變得與基督思想統一起來，身體和靈魂變得不朽和正直的。透過這種方式，死亡得以克服。

那些堅持人是不會死亡的人造就了罪惡在死後尋求生命的虛假的期望的結果。那些明白永恆的生命因為罪惡已經在全人類中丟失，而透過個人恢復救世主思想的力量可以中心獲得，而永恆真理的基礎正在建立。每個人在某些時候必須了解到這種說法是完全正確的：「他有兒子（基督的意識）

這個兒子是有生命的；他沒有上帝之子就沒有了生命」。

　　所有實體是透過媒介交流的這個信念是所有逝去的人的精神，這種說法並未得到證實。交流是如此地斷斷續續，對支撐自我傳達他們的自然能力來說是差勁的，這些廣泛的調查懷疑原創者的真實性。沒有偉大的文學生產、偉大的科學發現，或曾經來自精神的偉大布道，然而在這個國家裡宣稱他們的存在應該包含所有居住在這地球上的有智慧的人。

　　這種死後循序漸進的生命理論與《聖經》的教義相矛盾。上帝沒有造成人死，死亡是違反法律的結果。基督教教導我們，人類是被創造活於他身體內的，由他思想的延伸精練它，上帝的工作是 ── 在人的超級思想裡 ── 回復這個國家；這是精神，靈魂和身體在地球上的結合。這必須充滿整個種族，死亡的每一種思想，或者離開你身體的可能性，必須從思想上得以撲滅。

　　現實的基督教徒反對這種傾向於分離靈魂和肉體的思想，因為由於這種思想，最終導致解散的意識會建立。這是一個現實，對那些深入研究人類法律的人時知曉的，就是死亡使精神，靈魂和身體相分離；受到唯心論者接受的交流只是靈魂的回音，沒有生氣，鼓舞人心和精神上的我；這種心態，把交流看作是睡眠，或昏迷，甚至像是身體做的事，直到法律帶來一種與更高自我的結合，和其他物理機體的構建

發生。透過自我重複機體建造的過程，直到人類透過救世主，與地球上的精神、靈魂和身體發生完整的結合，這種聯合帶來人類全部力量的結合，這種結合是一個祕密，就像耶穌是救世主，或救贖的人而出現。

我們可以輕易地看到，教導人類解僱自己的身體就像扔掉一件破舊的衣服，這是多麼不合邏輯、不明智和徒勞的。透過微弱的放棄和死亡，繼續更高的修練。我們知道我們說的，也必須宣告耶穌教導的這個偉大真相：「凡是活著的並相信我的（精神上的我）將永遠不會死。」

如果上帝創造了人是讓他死去和到達精神之地去享受教育的話，那麼在裸裸中死去並且逃離生活的困苦將會更好。同樣，如果死亡是上帝法律的一部分，每次我們嘗試透過治癒身體逃離死亡時，我們就在違背法則。

如果人的出生就像以前的嬰兒，這是他存在的開始，那麼上帝就創造了一個奇蹟，對人在法律發展的程序中也做了個例外，這些在祂所有的作品中都可以看到。

這個事實是 —— 對於開始時眾所周知的 —— 唯心主義者是在人性心態上交流，即個人意識。因為在超意識思想中沒有發展，他們並不了解這創造性的法律。在心靈論的思想中，他們心理和生理的功能是混合和不確定的。他們的交流

可以解釋為超意識思想存在的行動，還有，大多數的媒介是不確定的，以至於他們是被自己的心態影響還是受其他心態的影響。

當人類把他更高的自我轉化為行動時，他會清楚地看到在他們行動的所有階段裡，精神、靈魂和身體之間的關係。

如果你想知道所有生命的奧祕，學習生活，還有將你腦海中每一個關於死亡的想法或死亡的條件通通抹掉。然後透過法律思想的形成，在你自身會建立起一種強烈的生命意識，這種意識的消極（或缺失）甚至會導致你的不存在。當耶穌這麼說的時候，祂的意思是，「如果有人信守我的話，那麼他永遠都不會死去」。

當機體死亡的時候，生存的慾望也不會停止。思想活著，既不在天堂也不在地獄，但在培育生命的意識狀態中。思想不會因為環境的改變而改變。那些離開生命物質的人發現他們自己處於一個醚的機體中，這並沒有以粗糙的感覺回應他們的渴望。耶穌在路加福音 16:23 中說道，富有的人是在地獄的「折磨」中死去的。在原始的語言編寫的《聖經》把閻王用來代表看不見的世界的詞。那些有培育精神思想的人發現自己死在一個與他們相對應的主流思想環境和醚機體中。但他們死去的事實說明他們向「對手」投降了，他們沒有獲得統治權，權力和富有精神人的權威。因此經過一段時

間的娛樂和休息後，他們將再次占據主動，透過轉世來克服肉體的生命。所以直到自我克服了罪惡、疾病和死亡時，這個生存和死亡的過程還會繼續下去，和在沒有死亡的悲劇下，提高肉體對抗精神體的能力。「這種可以賄賂的一定會變成清廉，這種朽壞的一定會變成不朽」。

我們的神學家沒有看到人類生命的全部 —— 他們試圖擠入一個物理化身的字元，表示它已經採取了漫長演化的發展。正如耶穌和所有的靈性導師教導的那樣，人的目標是達到永生，是戰勝身體的死亡。直到了解到正義的法律存在之前，這星球上的人類會不斷地死亡和再生，最後會以一個不會死亡的健康體魄而告終。耶穌證明這一點，祂承諾那些追隨他再生的人，「如果他們信守我的話，那麼他們永遠都不會死去」。許多基督徒得到這種理解 —— 他們不能獲得永恆的生命，只要他們允許身體繼續腐敗並最終死亡，他們誠摯地開始對救世主的生命和物質進行挪用，或者吃喝，直到祂再一次出現在他們再生的機體中。

# 幫助學生理解

## 《人的十二種能量》的問題

## ◆ 第一章

1. 在人類精神的前進方向來看，耶穌的十二門徒代表著什麼？

2. 正如《聖經》裡所說的，救世主的第一和第二次到來的象徵是什麼？

3. 在一個廠房裡，十二門徒是怎樣擔任部門的負責人的？

4. 在人的意識裡，耶穌代表什麼？

5. 說出每個門徒以及他們各自代表的能力。

6. 為什麼彼得（信任）被稱為是第一門徒？

7. 解釋一個中心是如何受到精神話語的洗禮並被賦予新的能量。

8. 為什麼智慧否認人可以擁有關於上帝的知識？

9. 人的十二種能量應該如何去發展和表達？

## ◆ 第二章

1. 在人的意識中，亞伯拉罕代表什麼？

2. 為什麼這種能力要得以持久？

3. 為什麼信任需要考驗？

4. 給出由亞伯拉罕提供的他兒子以撒代表的符號。

5. 解釋給予和接受的法則。

6. 由聖靈而來的「上層空間」所代表的是什麼？

7. 懇求的禱告和肯定的祈禱，它們的區別是什麼？

8. 由信任所產生的兩種看法是什麼？並加以解釋。

9. 耶穌第一個和最偉大的門徒是誰？

10. 他的名字是什麼意思？

11. 在他成為耶穌的門徒後，為什麼他的名字改變了？

12. 信任和真正的信仰，它們的區別是什麼？

13. 為什麼口頭語言是格式化的，而不是創造性的？

14. 人的身體中信仰的中心在哪裡？它是怎樣快速運轉的？

15. 思維改變的重要性是什麼？

16. 解釋耶穌是怎樣完成歸功於他的巨大的工作？

◆ 第三章

1. 耶穌的哪一個門徒在人類的意識中代表著力量？

2. 所有事情的力量從哪裡來？

3. 為什麼人類是神聖靈魂中的至高無上的表達？

4. 耶和華和亞當的區別是什麼？

5. 請解釋「男人和女人」作為上帝給人類的創造物。

6. 在自然人中，耶穌所說的「全副武裝的壯漢」指的是什麼人？

7. 在重生的人類中那又代表著什麼？

8. 請解釋從大衛和哥利亞的故事中所帶來的道理。

9. 大力士在人類的意識中代表著什麼？

10. 請解釋他的頭髮被哥利亞偷走是什麼意思？

11. 為什麼人類要保留在他身體中重要的物質？

12. 請解釋人類是怎樣透過各種腦細胞進行身體更新的？

13. 萬物的規律是怎樣影響人類發展的？

14. 請說明人類在演化過程中意識的發展。

15. 為什麼說上帝的話像一顆種子？

16. 為什麼耶穌基督是最偉大的老師？

## ◆ 第四章

1. 人類的十二種能量是什麼？

2. 在人類的意識中，智慧的中心位於哪裡？

3. 請說出智慧有哪些屬性。

4. 對善行的負面了解有利於人類的展示嗎？

5. 解釋腹腔神經叢的一些功能，並說出它們指揮的自我的名字。

6. 在人類重生中的第一步是什麼？

7. 這一步在提到的《聖經》中象徵的是什麼？

8. 我們是怎樣「被稱為門徒」的，請舉個例子。

9. 基督是什麼？

10. 請說明什麼是合法進入上帝的王國的方法？

11. 人類能夠逃避神聖的審判嗎？為什麼？

12. 在人類的拯救中，精神的審判發揮什麼作用？

13. 為什麼彼得、雅各和約翰三個被提及的頻率高於其他門徒？

14. 為什麼安得烈在其他門徒中也被提及的最多？

◆ 第五章

1. 請解釋人類在創造法律和諧的同時是怎樣運用他的創造力量的。

2. 在《聖經》中「上帝的兒子」代表著什麼？

3. 我們怎樣知道人是男性的還是女性的？

4. 上帝最美麗的「女兒」叫什麼名字以及有什麼的自然特性？

5. 請說出母愛有哪些美德和惡習。

6. 請解釋愛在「地心引力」中的作用。

7. 愛曾經是神祕的源泉嗎？請解釋為什麼。

8. 離婚的補救措施有哪些？

9. 亞當、夏娃和狡猾的人在個人中分別代表著什麼？

10. 請給出形而上學家對於亞當和夏娃偷吃「善與惡的知識」之果的解釋。

11. 在人類的重生中，愛存在於哪個位置？

12. 女人可以透過什麼手段提升男人以及把他從感覺的捆綁中釋放出來？

13. 當愛得到昇華時投胎會停止嗎？

14. 耶穌在地球上的使命是什麼？

15. 在人類精神的身體中，愛的王座在哪裡？

16. 在耶穌的門徒中，哪一個代表愛？

17. 給出一個最原始的說明，無私的愛是怎樣表現的？

18. 一個人應該在靈魂展示中施加武力或者抑制嗎，為什麼？

## ◆ 第六章

1. 在精神力量的證明和實現中什麼是最必要的？

2. 人類應該怎樣去證明他那神聖而與生俱來的力量？

3. 請指出在人類的意識中力量的王座位於什麼地方，並說出信使代表著什麼力量？

4. 力量的提升在哪種聲音中得以實現？

5. 怎樣以及在哪種程度上可以看出人類的話語是充滿力量的？

6. 我們可以在有限制或者衰退的力量中戰勝意念嗎？怎樣戰勝？

7. 一個人在推翻自己世俗的自私之前能夠發展他的力量嗎？為什麼？

8. 我們如何運用我們的力量來判斷正確與錯誤之分呢？

9. 在物質世界中行使統治權和恢復神聖的物質之間的平衡，其戰勝的關鍵是什麼？

10. 耶穌制定的世界和平與繁榮的基礎是什麼？

11. 「新的天堂和新的地球」什麼時候才出現？

12. 在戰勝世界、肉體、惡魔甚至死亡時會與什麼有連繫的呢？

13. 惡魔是什麼？

14. 請說出形而上學家對苦難的解釋。

15. 人類的力量和統治的最高點是什麼？

## ◆ 第七章

1. 想像力是什麼？

2. 哪一個門徒代表著想像力？

3. 在人的體內，哪一個部分充當著這項能力？

4. 為什麼耶穌的思想會如此地有力和持久？

5. 解釋符號的關鍵是什麼？

6. 是什麼決定著靈魂和身體的特性的？

7. 夢想和想像在人類的靈魂昇華中有著很重要的地位嗎？

8. 請從精神方面解釋彼得的幻想，哪一個才是第十章所描寫的？

9. 人類的身體代表著什麼？請解釋為什麼。

10. 為什麼有時候個人和國家會從文明時代回到原始狀態？

11. 人類應該怎樣處理自己的動物癖好呢？

12. 動物好好地待在牠們應該在的地方，這可以說明人類準備要食用牠們嗎，為什麼？

13. 原始的創造是如何給定個性和形式的？

14. 動物的潛能是什麼？

15. 當什麼時候動物可以不再成為目標？

## ◆ 第八章

1. 才智、理解力、知識和智慧是同一個意思嗎？

2. 請解釋靈魂的兩大領域。

3. 耶穌的傳教是科學的嗎？

4. 對於有靈性識別的人來說，靈魂的什麼能力是排在第一位的？

5. 在靈魂的昇華中，首先經歷的是什麼階段？

6. 所羅門代表著什麼？

7. 因為深得主的喜愛，上帝給予了所羅門什麼東西？

8. 在靈魂的展示中，心臟充當著什麼角色？

9. 為什麼我們要仔細分別真正的激勵和我們自己智慧的理由的不同之處呢？

10. 施洗者約翰在人類的意識中代表什麼？

11. 耶穌說過施洗者約翰曾經是什麼人？

12. 當人類把自己的全部奉獻給主時，什麼事情會發生在他的身上？

13. 請解釋施洗者約翰與耶穌的關係。

14. 這種關係是怎樣應用到人類的意識中去的？

15. 人類最偉大的力量是什麼？

16. 所有力量都在重生後回到人類身上嗎？

17. 人類擁有得到永恆生命的特權嗎？


## ◆ 第九章

1. 靈魂的哪種能力是對其他能力的動力？

2. 其他哪種能力是與其連繫最密切的？

3. 想像力在靈魂的昇華中發揮什麼作用？

4. 為什麼人類會得到自由的意志？

5. 腹腔神經叢的功能是什麼？

6. 在精神生活的表達中，意願和理解是怎樣發生衝突的？

7. 是什麼引起動脈硬化的？

8. 「動力」是從哪裡來的？

9. 請解釋人類分擔善與惡的知識的意思。

10. 耶穌在靈魂昇華中代表著什麼？

11. 基督是怎樣規範他的門徒（下屬）的？

12. 請解釋意願是怎樣被允許變得具有破壞性的？

13. 至於人類的行為，神聖心靈的意願是什麼？

14. 請解釋為什麼一個人要積極地接受上帝的權威而不是消極地接受呢？

15. 耶穌賜予他的門徒什麼力量和權威，讓他們去說教呢？

16. 人類可以改變上帝的意願嗎？

17. 人的生命中為什麼會出現罪孽、疾病、折磨和死亡？

18. 一個人應該服從他的意願去控制另外的人嗎？為什麼？

19. 一個人應該怎樣證明他的主張？

20. 在解釋對放鬆、和平、和諧的肯定中給出耶穌的話語。

## ◆ 第十章

1. 耶穌為什麼要譴責經文抄寫者和法利賽人呢？

2. 老師或者主管應該對他們的學生或者下屬制定思想和行為規範嗎？為什麼？

3. 對於所有的宗教工作只有安全基礎時，耶穌制定了什麼？

4. 耶穌為什麼要打破摩西法律？

5. 在人類的意識中，安息日代表著什麼？

6. 請解釋為什麼耶穌說祂是回來執行法律而不是破壞它？

7. 為什麼人類要抹去其他人頭腦中的所有權威和傳統，目的是為了實施上帝的意願？

8. 在人類的生命中什麼地方出現了神聖的著作？

9. 什麼是唯一的權威？

10. 我們應該讓我們的同伴自由地崇拜上帝，並且要在一定程度上配合祂們嗎？

11. 人類和神父在哪裡找到真正的溝通呢？

12. 耶穌是上帝「唯一的兒子」，那麼祂擔任展示人類的哪一個部分？

13. 摩西逃離到曠野代表著人類的意識，這是什麼意思？
    試解釋。

14. 是什麼給予我們話語和思想的力量，以完成它們應該
    完成的任務？

15. 摩西和法老分別代表著什麼力量？請解釋。

16. 請解釋在人類的成長中值得否定和肯定的地方。


## ◆ 第十一章

1. 自我在形成意識的精神階段中所發揮的作用是什麼？
   試解釋。

2. 什麼是熱情？

3. 可以打破神聖的法律嗎？試解釋。

4. 人應該抑制在意識中湧出來的衝動的熱情嗎？

5. 為什麼熱情與智慧並施是必要的？

6. 一個人的不同思想的結合是怎樣影響著他的靈魂與
   身體？

7. 「西蒙彼得」這個名字有什麼含義？「西蒙，奮銳黨的
   西門」是什麼意思？

8. 解釋我們所吃食物中的維他命是怎樣儲存在身體的意

識裡以及它們是怎樣釋放出來的。

9. 在一個人成為天才的路上，熱情在他的努力中有發揮過作用嗎？

10. 解釋耶穌這句話「你的頭髮是有限的」。

11. 解釋愛默生的話「不要被酒窩和捲髮所欺騙，那個小孩已經有一千歲了」。

12. 你怎樣解釋莫札特在四歲的時候，他沒有經過指導就會演奏風琴的奇妙能力？

13. 在熱情中心的寶座存在於它的王國什麼地方？

## ◆ 第十二章

1. 在經歷改變信仰的過程中第一步要做的是什麼？

2. 解釋改變思想對身體器官的影響。

3. 在身體新陳代謝的過程中，重生發生在哪一部分？

4. 關於思想活動，形而上學家是怎樣得出他的結論？

5. 說出一個由思想研究所帶來的重大的基本真理。

6. 解釋想法的範圍和思想的範圍，兩者間有什麼不同之處。

7. 解釋思想是怎樣被意念所吸收的。

8. 意念是怎樣對身體發揮作用的。

9. 為什麼智慧要透過控制意念而發揮作用？

10. 人類應該得到應有的自由嗎？為什麼？

11. 靈魂和身體的特徵是怎樣一代又一代地傳遞下去的？

12. 這些是怎樣在記憶中溶解的？

13. 請解釋醫藥科學對抗病毒的方法。

14. 那種方法為什麼失敗了？

15. 治癒疾病的力量是什麼？試解釋它的過程。

16. 請描述達太的工作。

17. 便祕的起因是什麼？是因為腫瘤嗎？還是因為生命的力量開始減弱？

18. 扁桃腺腫大的原因是什麼？是因為扁桃體發炎嗎？還是因為鼻竇炎呢？

19. 以上這些疾病怎樣可以避免？


◆ 第十三章

1. 生命的能量是什麼？

2. 生命是智慧嗎？試解釋。

3. 為什麼稱生命的自我為「對手」？

4. 為什麼說感覺和生殖對人類的性格是必須的？請解釋。

5. 人類的兒子是什麼？

6. 亞當的伊甸園象徵著什麼？

7. 帶來理想人類的依據是什麼？

8. 進入每一個意識的三個因素是什麼？

9. 上帝的羔羊是什麼？試解釋。

10.「生命之水的河流」代表著什麼？

11. 經歷生命的聖泉的過程中，其危害產生在哪裡？

12. 身體的感覺是怎樣依照規律經歷的呢？請解釋。

13. 為什麼對向外溢的生命流的洗禮是必要的呢？

14. 請解釋「當摩西在曠野中舉起大蟒蛇的時候，即便如此人類之子也要被抬起來」。

15. 請解釋感覺成為神聖生物的過程。

16. 所有的放縱是怎樣克服的？

17. 請解釋你的「在你的原罪和罪孽中死去」。

電子書購買

爽讀 APP

國家圖書館出版品預行編目資料

當意識再一次凝聚，人類十二種超級思想：生死議題 × 權力運作 × 真理評判，激發內在良好特質，以信仰實現自我超越 / [ 美 ] 查爾斯‧菲爾莫爾（Charles Fillmore）著，孔繁秋 譯 . -- 第一版 . -- 臺北市：崧燁文化事業有限公司，2024.01
面；　公分
POD 版
譯自：The twelve powers of man.
ISBN 978-626-357-936-1( 平裝 )
1.CST: 基督教 2.CST: 信仰 3.CST: 靈修
244.9　　112022604

## 當意識再一次凝聚，人類十二種超級思想：生死議題 × 權力運作 × 真理評判，激發內在良好特質，以信仰實現自我超越

臉書

作　　者：[ 美 ] 查爾斯‧菲爾莫爾（Charles Fillmore）
翻　　譯：孔繁秋
發 行 人：黃振庭
出 版 者：崧燁文化事業有限公司
發 行 者：崧燁文化事業有限公司
E - m a i l：sonbookservice@gmail.com
粉 絲 頁：https://www.facebook.com/sonbookss/
網　　址：https://sonbook.net/
地　　址：台北市中正區重慶南路一段六十一號八樓 815 室
Rm. 815, 8F., No.61, Sec. 1, Chongqing S. Rd., Zhongzheng Dist., Taipei City 100, Taiwan
電　　話：(02) 2370-3310　　　傳　　真：(02) 2388-1990
印　　刷：京峯數位服務有限公司
律師顧問：廣華律師事務所 張珮琦律師

-版權聲明

定　　價：299 元
發行日期：2024 年 01 月第一版
◎本書以 POD 印製